생각과 말과 행동의 방정식

생각과 말과 행동의 방정식

초판 1쇄 발행 2015년 5월 1일
초판 2쇄 발행 2015년 5월 20일
초판 3쇄 발행 2016년 1월 1일

지은이　윤영일
발행인　권선복
편　집　김정웅
디자인　이세영
교　정　김소영
마케팅　정희철
전자책　신미경
발행처　도서출판 행복에너지
출판등록　제315-2011-000035호
주　소　(157-010) 서울특별시 강서구 화곡로 232
전　화　0505-613-6133
팩　스　0303-0799-1560
홈페이지　www.happybook.or.kr
이메일　ksbdata@daum.net

값 15,000원

ISBN 979-11-5602-098-1　13190

Copynght ⓒ 윤영일, 2016

* 이 책은 저작권법에 따라 보호받는 저작물이므로 무단전재와 무단복제를 금지하며, 이 책의 내용을 전부 또는 일부를 이용하시려면 반드시 저작권자와 〈도서출판 행복에너지〉의 서면 동의를 받아야 합니다.

* 본 도서는 문화체육관광부 산하 출판문화산업진흥원에서 주관하는 '2015 세종도서 교양부문'에 선정된 국가공인 우수도서입니다.

도서출판 행복에너지는 독자 여러분의 아이디어와 원고 투고를 기다립니다. 책으로 만들기를 원하는 콘텐츠가 있으신 분은 이메일이나 홈페이지를 통해 간단한 기획서와 기획의도, 연락처 등을 보내주십시오. 행복에너지의 문은 언제나 활짝 열려 있습니다.

◈ 삶에 묻다 ◈

생각과 말과 행동의 방정식

윤영일 지음

2015
세종도서 교양부문

도서
출판 **행복에너지**

일러두기

* 이 책은 고전과 현대문학, 역사와 철학과 뇌과학을 넘나들며 많은 이야기를 담아내려고 노력했다. 그렇기에 어떤 부분(예: 마음에 대한 생각)은 이론적이고 어렵게 느껴지는 부분도 있을 것이다. 이러한 부분은 건너뛰고 읽기 바란다.

* 본문에서 인용하거나 참고한 문헌에 대하여는 그 출처를 밝히되, 편의상 책 이름 위주의 표기방식을 썼다. 이 책의 말미에 참고문헌을 별도로 두었기 때문이다.

* 용어의 적절한 의미전달을 위해 필요한 경우 한자, 영어, 독일어, 산스크리트어 등도 가급적 병기하여 표기했다. 원래의 의미도 함께 익히는 일석이조의 효과를 얻도록 하기 위해서다. 따라서 우리말로 이해하는 데는 전혀 문제가 없도록 하였다.

* 각 장의 시작에는 명언 명구를 배치했으며, 내용에서는 인문학 및 뇌과학적 지식, 문학작품들도 동원했다. 각 장의 모든 절 끝에 적합한 명화를 곁들여 본문의 내용을 다시 한번 음미하도록 했다.

책머리에

삶의 방정식이 있습니까?

서양사람이나 동양사람이나 새해인사는 한마디로 "건강하고 복 많이 받으세요."입니다. 저는 이 말이 "몸 건강하고, 마음도 건강하라."는 말과 같다고 생각합니다. 몸은 우리가 열심히 챙기는 것이고, 행복은 마음에서 만들어 가는 것이기 때문입니다. 그래서 우리는 건강한 몸, 아름다운 마음을 갈구하며 인생을 살아가고 있습니다.

내 몸과 마음의 주인은 누구입니까? 바로 나! 아닌가요? 그러기에 내 몸도 소중하고 내 마음도 소중한 것이지요. 내 몸의 소중함을 알기에 우리는 내 몸을 녹슬지 않도록 만들기 위해 열심히 운동하고 체력단련을 합니다. 내 몸의 주인은 바로 나!라며 쓴 책 『내몸 사용설명서』도 있습니다.

그런데 내 마음도, 내 몸 사용하듯이 '마음먹은 대로' 그렇게 부려가며 살고 있나요? 아니면 '마음대로 해!' 하고 내뱉는 것처럼, 마음이 제멋대로 하도록 끌려가고 있지는 않나요? 내 마음도 녹슬지 않도록 마음 건강을 챙기는 '마음 사용설명서'가 필요하지 않을까요?

인생은 생각하고 말하고 행동하는 방식으로 살아갑니다. 나의 생각이 나의 말이 되고, 나의 말이 나의 행동이 되며, 그것들이 결국 나의 인생이 되는 것이지요. 마음이 그 근본임을 알 수 있습니다.

그런데 나는 어떻게 생각하고, 어떻게 말하며, 어떻게 행동하고 있는가? 어떻게 생각하고 말하고 행동해야 값진 인생을 살 수 있을까? 이러한 고민에 대한 생활철학의 원리를 담아 삶의 지침으로 삼을 수 있는 좋은 책은 없을까?

이에 대한 좋은 책을 써 봐야겠다는 욕망을 불태우면서도 몇 년의 세월을 고민만 거듭하다, 2012년 4월, 퇴계 이황 선생의 저술 『성학10도』를 다시 읽고, 『명심보감』도 다시 펼쳐보게 되었습니다. 그 도식과 체계를 참고하고 싶었기 때문입니다.

『성학10도 聖學十圖』는 퇴계 이황 선생이 조선시대 17세의 어린 임금 선조에게, 성인이 되기 위한 학문지침을 체계적으로 정리하여 올린 책입니다.

제1도부터 제5도까지는 우주원리와 인간의 도리를, 제6도부터 제10도까지는 인간의 심성에 근거한 행동원리를, 10개의 도식으로 정리하여 설명한 것이지요. 『명심보감 明心寶鑑』은 보물 같은 인생의 생활철학적 경구들을 심성, 학문, 선행, 수양 등으로 나눠 인생교재로 만든 것입니다.

이제야 삶에서 항상 되묻게 되는 실천철학으로서의 '생각 Thinking과 말 Speaking과 행동 Doing'의 원리를 담아 책을 쓰게 되었습니다.

'구슬이 서 말이라도 꿰어야 보배다'라는 말이 있습니다. 책을 읽거나 신문 스크랩을 해오면서, 인생수양을 하게 하고 지혜를 주는 값진 말과 글들을 수없이 접했습니다. 수많은 말과 글들 중 마음에 새겼던 '구슬' 같은, 실제적인 지혜를 주는 촌철살인寸鐵殺人 같은 말과 글들, 그러한 지혜들을 체계적으로 정리하고 인생 원리로 세워 '보배'를 만들고자 욕심을 부렸습니다. 인문학자들과 뇌과학자들의 시각과 지혜도 함께 다루었습니다.

그리하여 인생Life =[생각·말·행동], 즉 L = TSD라는 인생공식을 쓰고, 생각·말·행동 3개 변수에 대한 물음에 대해 각각 3개씩의 큰 구슬들을 꿰었습니다. 왜 3개씩이냐고요? 인지과학 분야의 세계적 권위자인 아서 마크만Arthur Markman 교수의 '3의 법칙'에 착안한 것입니다.

따라서 이 책은 삶을 구성하는 9개의 큰 구슬들을 꿰어 1개의 큰 인생 '보배'를 얻도록 구성되어 있습니다. 『성학 10도』처럼 총 10개의 큰 그림을 그린 것이지요. 또한 이 책은 명심보감의 편제처럼 크게 4편의 물음으로 구성되어 있습니다. 첫 편에서는 인생의 실천철학으로서의 생각과 말과 행동이 우리에게 어떤 의미와 가치를 가져다주는지, 우리는 어떻게 살아야 할 것인지를 많은 현인과 지식인의 고민과 사유 속에서 찾아봅니다. 둘째, 셋째, 넷째

편에서는 각각 생각과 말과 행동에 대한 지혜를 얻는 방정식을 풀어가며, 심도 있는 사고와 재미있는 스토리텔링을 할 수 있도록 했습니다.

 수많은 책들이 쏟아져 나오고 있지만, 별 가치 없는 책에 시간과 노력을 빼앗겼다고 생각되는 때가 한두 번이 아닙니다. 때론 혼란스럽기까지 하고 아쉬움이 클 때도 많습니다. 읽을 때마다 새로운 배움을 주는 책, 잠든 내 영혼에 기상을 북돋우고 향기를 가져다 주는 책, 삶의 의미와 기쁨과 지혜를 안겨주는 책, 다른 사람에게 자신 있게 권할 수 있는 책. 그런 책이 좋은 책이라고 생각합니다. 그런 책에는 가슴으로 새기는 '구슬'과 '진주'가 있기 때문입니다. 저도 그런 좋은 책을 쓰고 싶었습니다.

 따라서 이 책을 통하여, 많은 현인들과 지식인들의 각기 다른 색깔의 생각과 인생들을 통해, 자신의 인생철학과 생활철학을 풍요롭게 하는 사색과 지혜를 얻게 되리라 믿습니다. 좋은 독서법은 가슴에 와 닿는 구절이나 중요한 부분에 밑줄을 그어가면서 읽고, 밑줄 그어진 부분을 나중에 다시 되새기는 것이라고 합니다.

기대가 크면 실망도 큰 법! 큰 기대 갖지 마시고 읽으시기 바랍니다. 하지만 큰 만족을 얻으시길 진정으로 바랍니다. 쌀로 지은 밥으로 배고픔을 채우고, 자그마한 생각과 말과 행동들의 지혜를 담은 책으로 마음의 고픔을 채우시기 바랍니다.

삶에, 인생에 부족함을 느끼고 있는 나 자신의 수양을 위함은 물론, 용기와 지혜, 진정한 가치를 얻고 싶어 하는 청춘들, 자녀교육의 지혜를 찾고 싶은 학부모님, 기업경영의 지혜를 얻고 싶은 기업 CEO, 인간관계와 조직관리차원에서 고민 많은 사람들, 소명의식을 가지고 국가경영의 지혜를 찾아보고 싶은 국가경영자에게 값진 책이 되었으면 좋겠습니다. 이 책을 통하여 '나의 인생철학과 실천철학은 무엇인가?'를 생각하게 하는 계기를 얻으시길 바랍니다.

인생 삶의 방정식, 생존의 부등식을 풀어 좀 더 값지고 좀 더 훌륭한 삶을 꾸려보기를 바라는 간절함으로!!!

그동안 원고 정리와 교정을 위해 수고하고 수정 의견을 준 아내 최영애와 딸 희정이, 컴퓨터 작업상의 문제가 생길 때마다 달려와 이를 해결해 준 아들 웅찬과 며느리 송민희에게 감사하고, 이 책의 출판을 위해 정성과 노력을 아끼지 않으신 도서출판 행복에너지의 권선복 사장님과 디자이너 이세영 씨 등 직원들의 노고에 깊은 감사를 드립니다.

윤영일

목차

책머리에: 삶의 방정식이 있습니까? … 005

제1장 생각과 말과 행동으로

삶의 방정식 … 018

마음 알기 … 022
생각하는 동물 | 마음이란 놈은 무엇인가 | 마음에 대한 생각

나 다루기 … 036
마음이 나의 주인인가 | 내가 마음의 주인되기 | 잠시 멈추어 생각하라 | 감정과 이성 중 무엇이 먼저인가 | '나'를 어떻게 다룰 것인가

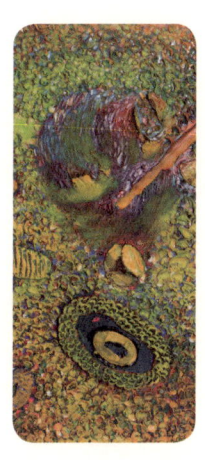

제2장 생각Thinking에 묻다

생각 방정식 … 058

존재의 원리 … 064
보통 갈매기와 조나단 리빙스턴 | 돌팔이와 닥터 노먼 | 벽돌공과 건축가 | 오동나무와 매화, 팽이 | 일생의 걸작품 | 소크라테스의 변론 | 천하의 두 가지 기준 | 주인과 머슴 | 공직자들은 가졌는가 | 내 인생과 직장을 노래 부르자

성공의 원리 … 089
사이긍정(思以肯定)으로 | 긍정적인 생각이란 | 화를 복으로 바꿔치기하면 | 생각의 기적을 이룬 사람들 | 그대는 멘토를 가졌는가 | 긍정적으로 생각해야 하는 이유 | 먼저 자신을 사랑하라 | 걱정 다스리기

생존의 원리 … 125
역지사지와 아전인수 | 다른 것은 틀린 것인가 | 기업의 생존 부등식 | 장자와 기업가의 업(業) | 인터러뱅 정신 | 고정관념의 틀을 깨라 | 고양이와 냉장고의 공통점 | 창조를 창조하는 발상법 | '붉은 나폴레옹' 장군의 3불 전략 | 3차원 창의력 개발법

제3장 말Speaking에 묻다

말의 방정식 … 162
겸손의 원리 … 166
상선약수와 부쟁지덕 | 나의 좌우명은 무엇인가 | 부족한 사람을 좋아한다 | 환자들은 희망을 원한다 | 오만과 편견 | 칭찬만 받는 사람은 없다

감사의 원리 … 180
'때문에'와 '덕분에' | 바람 잘 날 없는 가정 | 쓰레기 봉지와 비행기 | 엄청난 선물 | 그걸 꼭 말로 해야 되나요 | 이심전심의 착각 | 좋아한다는 말 한마디 | 사랑하기 때문에 한 말 | 선한 거짓말도 있다 | 감사에도 단계가 있다

희망의 원리 … 204
포기하라? | 말의 전염성 | 희망의 노래로 | 80세 청춘

대화의 원리 … 217
123 법칙 | 3:7의 황금률 | 기대치를 위반하라 | 설득의 방법

제4장 행동Doing에 묻다

행동 방정식 ··· 230

정성의 원리 ··· 233
행이정성(行以精誠)으로 | 나의 행동이 잘못인가 | 오만방자 | 행동으로 답하셨던 부모님 | 나는 불효자 | 세월호와 타이태닉호

지금의 원리 ··· 248
지금 바로(Now) | 내가 최고(I Best) | '할 걸'이 아닌 '했노라' | 하자의 약속 | 지금, 여기

베풂의 원리 ··· 262
주고 받는가, 받고 주는가 | 아이와 어른 | 베푸는 것의 의미 | 2개의 저울 | 나도 기업도 이익 챙기기 | 부모의 베풂 이론 | 사과도 먼저 하라 | 사과에도 방법이 있다

에필로그 ··· 284

참고문헌 ··· 288

출간후기 ··· 290

제1장

생각과 말과 행동으로

"생각"을 조심하라. 그것이 너의 "말"이 된다.
"말"을 조심하라. 그것이 너의 "행동"이 된다.
"행동"을 조심하라. 그것이 너의 "습관"이 된다.
"습관"을 조심하라. 그것이 너의 "인격"이 된다.
"인격"을 조심하라. 그것이 너의 "운명"이 된다.

- 서울 강남구 신사동 어느 공공장소의 벽에 쓰여 있는 글 -

삶의 방정식

천주교에 참회의 행위로 드리는 고백기도가 있다.

형제들에게 고백하오니 '생각과 말과 행위'로 죄를 많이 지었으며, 자주 의무를 소홀히 하였나이다.
제 탓이요, 제 탓이요, 저의 큰 탓이옵니다······.

우리는 생각과 말과 행동으로 인생을 살아간다. 생각과 말과 행동으로 의무를 다하기도 하고 죄를 짓기도 한다. 생각과 말과 행동이 우리의 인생을 결정하는 것이다.

혜민 스님도 〈멈추면 비로소 보이는 것들〉에서 말한다.

어떤 생각을 하는가가 말을 만들고,
어떤 말을 하는가가 행동이 되며,
반복된 행동이 습관으로 굳어지면
그게 바로 인생이 되는 것입니다.
그러므로 처음에 어떤 생각을 일으키고
어떤 행동을 하는가가 아주 중요합니다.

『멈추면 비로소 보이는 것들』, p.135

어떤 생각을 하는가, 어떤 말을 하는가, 어떤 행동을 하는가가 그 인생을 말하는 것이다. 그러므로 마음이 모든 것의 근본이요, 시작이다.

『법구경』「쌍서품」에서도 마음이 내 모든 일을 주재하는 힘이 된다고 가르친다.

마음은 모든 일의 근본이 된다.
마음이 주가 되어 모든 일을 일으키나니
마음속에 악한 일 생각하면

말과 행동도 또한 그러하리라.

그렇다. 생각Thinking과 말Speaking과 행동Doing은 우리의 삶이기에 우리는 이에 대한 철학과 실천원리를 가져야 한다. 여기서 인생에 있어서의 삶의 방정식을 얻을 수 있다.

삶Life = TSD 〔생각Thinking · 말Speaking · 행동Doing〕

이러한 인생 공식을 쓰고 3변수〔생각·말·행동〕각각에 대하여 3가지씩의 변수를 가진 방정식을 도출하여 이야기를 전개하고자 한다. 인지과학 분야의 세계적 권위자 아서 마크만Arthur Markman은 인간이 어떤 주제를 기억할 때 머리에서 검색해 낼 수 있는 적정 수준은 3개라고 주장한다. 이른바 '3의 법칙'이다. 이점에 착안하여 간명하게 이해할 수 있도록 3개의 변수를 설정한 것이다.

『정글북』의 작가 러디야드 키플링은 말한다.

네가 세상을 보고 미소 지으면 세상은 너를 보고 함박웃음 짓고,
네가 세상을 보고 찡그리면 세상은 너를 보고 화를 낼 것이다.

살며 배우며 사랑하며, 오준원

마음 알기

생각하는 동물

　인간은 생각하는 동물이다. 그리고 인간은 이성과 감성을 가진 동물이다.
　'생각'이라는 뜻을 가진 한자어에 사思라는 글자가 있다. 생각 사思는 어떤 의미일까? 생각 사思는 밭 전田과 마음 심心이 합해진 글자다. 밭 전田은 본래 인간의 숨골, 즉 이성을 의미한다고 한다. 그리고 마음 심心은 인간의 심장을 본떠 만든 글자이며 감성을 의미한다고 한다.

따라서 생각 사思는 인간의 숨골이성과 심장감성을 합성하여 생각한다는 뜻을 나타내는 글자다. 마음 심心 즉 감성의 기초 위에, 밭 전田 즉 이성이 작동되는 것이 생각思이라고 보는 것이다. 이것은 생각도 마음을 기반으로 작동되어야 한다는 의미이다.

무언가를 생각한다는 말은, 일단 가슴으로 느끼고 그 느낀 것을 머릿속에 저장해 생각 자체를 남겨두고 있다는 말이다. 그러나 대부분의 생각은 시간이 지남에 따라 거의 잊히고 그중 크게 느낀 것만 뇌 속에 하나의 새로운 정보로 저장되는 것이다.

머리로 이해는 되지만 가슴마음으로 느껴지지 않으면 우리는 행동으로 옮기지 않는다. 마음이 움직여야 감동感動이 오는 것이다. 그리고 감동해야 행동行動하는 것이다. 마음이 기반이다.

그렇다. 마음이 모든 것의 근본이다. 세상의 모든 것은 일체유심조一切唯心造라 했다. 세상의 모든 것은 오직 마음이 만들어 낸다는 뜻으로, 『화엄경』의 중심사상이다. 다시 말하면 세상은 마음이 없어지면 존재하지 않는다는 뜻이다. 이 말은 '자기自己가 곧 우주의 주인임을 깨닫는 것'이라는 의미이다. 따라서 인간의 운명, 즉 자기 인생도 오직 마음먹기에 달려 있다 할 것이다. 그렇다. 내가 마음에게 먹히는 것이 아니라 내가 마음을 먹으면 된다.

　신라시대의 고승 원효대사는 661년 의상대사와 함께 당나라 유학길에 올라 당항성의 어느 무덤 앞에서 잠을 잤다. 간밤에 목이 말라 아무 생각 없이 물을 마셨는데, 날이 새어 깨어 보니 잠결에 마신 물이 해골에 고인 썩은 물이었음을 알았다. 간밤에 아무 생각 없이 마신 해골물에 어찌 깨끗함淨이나 더러움不淨이 있으랴! 그것이 해골에 고인 썩은 물이었다는 것을 알아차렸을 때 비로소 깨끗함과 더러움의 분별심이 일어난다는 것을 깨달은 것이다. 사물 자체는 정淨도 부정不淨도 없고 모든 것은 오직 마음에 달렸음을 크게 깨닫고 그는 그 길로 유학을 포기하고 돌아왔다고 한다.

마음이란 놈은 무엇인가

　마음에는 여러 가지가 있다. 흔히 말하는 기쁨과 슬픔, 선망과 질투, 불안과 안도감, 수치심과 자긍심, 사랑과 동정심, 죄책감, 감사의 마음 등 다양하다.

　대체로 과학자, 의학자들은 마음은 뇌에 있으며 뇌의 작용이라고 믿는 것 같다. 미국인의 70% 이상도 마음은 뇌에 있다고 답했다고 한다. 그와는 달리 한국 사람들의 80% 이상이 마음은 심장에 있다고 답했다고 한다. 동양인들은 마음을 따뜻한 감성과 비교하는 반면 미국인들은 마음을 논리와 비교한다.

『KBS 특별기획 다큐멘터리-마음』, p.9

과학적으로는 오늘날 뇌과학의 발달에서 보는 것처럼, 뇌의 연구를 통해 생각과 감정이 일어나는 원리를 밝히고 생각과 감정을 변화, 조절하기 위한 연구들이 활발히 일어나고 있다. 값지고 중요한 일이다.

인간의 뇌에는 전두엽생각 뇌과 변연계감정 뇌 그리고 뇌간생명 뇌이 있다. 전두엽은 생각 뇌, 이성의 뇌로서, 남녀 통합 27~28세로 성숙돼야 온전한 기능과 작동을 한다고 한다. 감정의 뇌인 변연계에는 편도체라는 것이 있는데, 이것이 감정을 조절하고 공포를 기억하는 역할을 하는 것이다.

뇌는 뉴런이라는 신경세포와 이 신경세포 말단에 있는 시냅스로 구성되어 있다. 마음이 뇌의 활동이라고 본다면 마음은 이 뉴런과 시냅스 작용의 결과라고 할 수 있다. 『마음』, p.27

신경과학자들의 연구에 따르면, 뇌의 형태는 완전한 액체 상태로 유연하게 펴고 늘릴 수 있다. 사람마다 마음이 다른 이유는 이미 형성된 100조가 넘는 뉴런 네트워크에 투입되는 정보가 사람마다 다르기 때문이다. 『마음』, p.32

그러면 '마음'이란 과연 무엇일까? 많은 학자들이 마음을 연구하고 있지만 어느 누구도 '마음이란 이것이다.'라고 명쾌하게 답하고 있는 사람은 없는 것 같다.

탄트라에서는 우리가 경험하는 '마음'이란 기운이 진동하는 신묘한 현상으로 본다. 생각과 감정이란 파도가 일었다 가라앉았다 하는 에너지의 바다로 보는 것이다.

양자의 세계에서 에너지는 입자로도 나타나고 파동으로도 나타난다. 인간의 생각이 입자라면 인간의 마음은 의식의 바다에서 출렁이는 파도라고 말할 수 있다. 『명상』 p.166 파도, 소용돌이, 물보라는 바다에서 일어나서 그 바다를 떠나는 법이 없는 것처럼 인간의 마음은 개인의 생각, 지각, 기억, 성향 등의 고유한 색체를 띠지만 언제나 만물의 근원과 하나다.

앞서 본 과학적인 연구 노력과는 별개로, 인문학으로는 마음이 무엇인가를 밝히려는 노력은 하면 할수록 미궁으로 빠져든다는 생각이 든다. 그렇게 쉽사리 밝혀지는 것이면 그토록 많은 역사적인 철학자들과 성현들이 그토록 많은 말씀을 했겠는가?

달마대사와 혜가대사, 혜가대사와 승찬대사의 문답이 마음이 무엇인가를 잘 대답해 주고 있다고 하여, 벽담 학명 스님도 이를 차용해 마음이 무엇인가에 대해 답하고 있다.

"마음이 무엇입니까?"
"글쎄요, 그게 왜 궁금하신가요?"
"모두들 마음, 마음 하는데 저도 그게 뭔지 알 수 없어요."
"알고 싶어 하는 것은 누구 마음이고, 알지 못한다고 하는 것은 누구 마음이며, 지금 내게 묻는 것은 누구 마음입니까?"
"그야 제 마음이죠."
"잘 알고 계시는 군요."

『향기 있는 곳에 꽃이 있다』, p.13

『죄와 벌』『카라마조프의 형제들』과 같은 명작을 쓴 러시아의 세계적 문호 도스토예프스키 1821-1881. 인간의 내면 묘사에 투철

했던 '영혼의 리얼리즘' 작가다. 그는 『카라마조프의 형제들』에서 카라마조프가의 3형제 중 장남 드리트리의 입을 빌려 "인간의 마음이란 선과 악이 싸우고 있는 싸움터"라고 말한다.

과학적인 노력과 더불어 인문학적으로도 마음이 무엇인가를 밝히려는 노력은 값진 것이다. 하지만 우리는 마음의 존재를 믿고, 그것을 어떻게 쓰는 것이 지혜로운 것인가, 마음으로부터 나타나는 말과 행동은 어떻게 하는 것이 지혜로운 것인가에 관심을 두는 것이 현명할 것이다.

마음에 대한 생각

사람의 마음에 관하여 이야기할 때 흔히들 성리학을 말한다. 조선왕조는 건국초기부터 중국에서 들어온 주자학, 즉 성리학으로 요약되는 유교적 원리를 통치이념으로 삼았다.

성리학은 마음속의 이치在心之理에 의해 세상이 존재하고 우주가 운행된다고 여기는 관념의 세계다. 중국 성리학이 우주론을 중심으로 발전되었다면, 한국 성리학은 사단칠정론을 계기로 마음의 학문, 즉 심성론心性論 중심으로 발전하였다.

성리학은 유교경전의 핵심적 내용인 성性을 이理로 해석하는 성즉리性卽理로부터 논리체계가 세워진다. 인간은 본연의 성性을 가지고 있으며, 자연·인간·사회의 존재와 운동은 이理와 기氣의 개념으로 설명될 수 있다는 것이다. 이른바 이기론理氣論 이론이다.

이理란 만물 생성의 근원이 되는 정신적 실재로서 기의 존재근거이며, 동시에 만물에 내재하는 원리로서의 기의 운동법칙이기도 하다. 본래성本來性인 것이다. 기氣는 만물의 구체적 생성현상을 말한다. 기가 모이고 흩어지는 것에 의해 우주만물이 생성·소멸한다고 본다. 따라서 이기론은 우주의 유형적 존재는 모두 무형의 원리 또는 원인에 의해 생성, 변화된다고 주장한다.

성리학을 확립한 주자朱子는 이와 기가 서로 떨어져 있을 수도, 서로 섞일 수도 없는 것이라고 하였다. 이는 기에 의존하여 구체적 존재로 나타나고, 기는 이를 근거로 존재하고 운동한다는 것이다. 인간 본연의 성性은 선한 천리天理를 지니고 있으나 기氣에 의해 형성되는 욕망과 악의 본능을 가지게 되므로, 수행을 통해 인간 본래의 성을 되찾도록 해야 한다는 것이다. 이것이 정치의 기본이라는 도덕정치론으로 이어졌으며, 유교적 윤리의식의 근간을 이루었다.

주자朱子는 사람理이 말氣을 타고 가는 모습을 가지고 이와 기의 관계를 비유한다. 사람이 말을 타고 갈 때 사람이 간다고 할 수도 있고 말이 간다고 할 수도 있다. 실제로 움직여 가는 것은 말이므로 말이 간다고 할 수도 있지만, 사람은 말 위에 앉아 움직이지 않더라도 우리는 사람이 간다고 말한다. 사람과 말은 떨어질 수 없는 하나인가? 떨어질 수 없는 관계라도 나누어 생각해야 하는 것인가?

이기론理氣論은 이와 기의 개념을 어떻게 이해하느냐의 차이에 따라 이기이원론理氣二元論과 이기일원론理氣一元論으로 크게 대분할 수 있다. 이기이원론理氣二元論은 이와 기의 차별성을 강조하여 이는 기보다 우선하며, 독립적으로 존재하는 실재라고 보는 이론이다. 우리나라에서는 특히 이황을 중심으로 하는 수양철학에서는 존재의 본질을 회복해야 하는 입장 때문에 이를 중시하는 주리론主理論이 확립되었다.

이기일원론理氣一元論은 이와 기의 상호 의존성, 동일성을 강조하는 이론이다. 이와 기는 어느 하나가 우선하거나 분리될 수 없는 하나의 존재로서 단지 각각 상이한 양상으로 인식될 수 있는 것뿐이라고 주장한다. 현실개혁에 중점을 두는 실천철학의 입장에서 발전한다. 이를 객관적 실재라기보다는 기의 법칙성으로 이해하여 이와 기의 통일성을 강조하는 주기론主氣論의 입장이다. 서경덕이나 이이 율곡에게서 찾아볼 수 있다.

사단칠정론四端七情論은 퇴계 이황이 주장한 인생관의 논리적 학설로, 퇴계 이황과 고봉 기대승의 논쟁으로 유명하다. 사단이란 맹자가 실천도덕의 근간으로 삼은 측은지심惻隱之心, 수오지심羞惡之心, 사양지심辭讓之心, 시비지심是非之心을 말하며, 칠정은 중용과 예기에서 말하는 희喜·노怒·애哀·구懼·애愛·오惡·욕慾을 말한다.

이황은 이기이원론의 입장에서 사단은 이에서 나오는 마음이고 칠정은 기에서 나오는 마음이니 그 개념을 달리 정의해야 한다고 주장하였다. 이에 고봉 기대승은 이황에게 보낸 많은 질문을 통해, 이와 기는 관념적으로는 구분할 수 있으나 구체적인 마음의 작용에서는 구분할 수 없어 사실상 같은 내용 아니냐며 반문한다. 유명한 사단칠정론쟁의 시작이었다.

이러한 관념적인 철학인 주자학에 반기를 들고 일어난 학문이 있다. 왕양명이 주창한 양명학이다. 성리학과 양명학은 모두 유교에 뿌리를 두고 있으며 자기를 수양하고 남을 다스리는 수기치인修己治人을 목표로 한다. 그러나 목표를 이루기 위한 방법론에서 차이를 보인다.

앞서 본 것처럼 주자학의 명제가 성즉리性卽理라면 양명학은 심즉리心卽理의 명제를 내세워 마음의 작용과 의욕을 중시했다. 마음心이 곧 이理이고, 심心과 이理는 분리되지 않는다는 것이다.

그리하여 양명학은 아는 것知과 행하는 것行은 하나이며, 알고도 행하지 않으면 아직 진정으로 안다고 할 수 없다는 지행합일知行合一을 중시한다.
『전습록』은 다음과 같이 말하고 있는 것이다.

아름다운 색을 보는 것은 '지'에 속하고 그것을 좋아하는 것은 '행'에 속하네. 아름다운 색을 본 순간 이미 자연스럽게 그 색을 좋아하게 된 것이지, 본 후에 그 색을 좋아하도록 다른 마음이 작용한 게 아닐세. 악취를 맡는 것은 '지'에 속하고 그것을 싫어하는 것은 '행'에 속하네. 악취를 맡는 순간 이미 그 냄새를 싫어하게 된 것이지, 맡은 후에 그 냄새를 싫어하도록 다른 마음이 작용한 게 아니네. 마찬가지로 아픔도 배고픔도 직접 체험해 봐야 알 수 있네. '행'이 없는 '지'는 '지'라고 할 수 없네.
『중국 3천 년의 인간력』, p. 120

다산 정약용 선생도 관념론적인 세계에서 경험의 세계로 생각의 틀을 바꿔야 한다고 주장한다. 그는 선善으로 향하는 경향을 띠는 성性도 행위行로 옮겨야만 덕德이 된다는, 소위 '성性+행行=덕德'의 공식을 마련하였다. 마음속에만 있는 어떤 선善도 행위로 옮기지 않으면 쓸모없는 것이라고 믿고, 생각을 바꾸는 의식의 변화를 주장한 것이다.

우리는 전체만 보기도 하고 부분만 보기도 한다. 어느 한쪽 면에만 초점을 맞추고 다른 측면은 무시하기도 한다. 때로는 겉으로 드러난 것으로만 판단하려 하기도 한다. 막힌 사람이 되지 않기 위해서는 숲과 나무를 함께 보는 지혜, 마음으로 보는 지혜도 필요하지 않겠는가?

생텍쥐페리는 그의 작품 『어린 왕자』에서 말한다.

무엇이든 잘 보려면 마음으로 봐야 해. 가장 중요한 것은 눈에 잘 보이지 않거든.

내면의 세계. 오준원

나 다루기

마음이 나의 주인인가

사람은 자신의 마음을 얼마나 통제할 수 있을까? 다큐멘터리를 기록한 『마음』이라는 책은 이에 대해 이야기한다.

사실 이 문제의 해결을 위해서는 가장 중요한 점 두 가지를 알아야 한다. 하나는 우리 마음을 제조해 내는 뇌 속의 뉴런 네트워크는 마음먹기에 따라서 얼마든지 바꿀 수 있다는 것이다. 마음은 100조 개가 넘는 시냅스가 활동해서 만들어 내지만 그 100조 개가 어떻게 활동하는지는 각자 마음먹기에 달렸다. 가장 알기 쉬운 방법은 공부, 독서, 여행 등을 하는 것이다. 이는 새로운 뉴런 네트워크를 만들어 냄으로써 기존의 네트워크와 공조를 꾀할 수 있게 한다. 좋은 정보를 많이 제공하고 이를 여러 각도에서 다시 조립하면 새로운 것이 만들어질 수 있는 것이다.

또 하나는 상상을 하는 것이다. 창의적인 상상은 기존의 네트워크와 합쳐지면서 새로운 네트워크를 만들어 낸다. 뇌는 직접적인 경험과 상상에 의한 경험을 구분하지 못한다. 따라서 상상을 하면 실제로 경험하는 것과 같은 효과가 나온다.『마음』, p.33

나는 모든 것은 오직 마음먹기에 달려 있다는 말이 진리라고 믿는다.

내가 마음의 주인이 되면, 마음을 잡을 수도 있고 부릴 수도 있다. 분노하거나 시기 질투를 하지 못하게 내 마음을 컨트롤할 수 있는 것이다. 그러나 마음이 나의 주인이 되면 내가 마음이란 놈에게 먹히게 되고, '마음대로 하도록' 내버려 두게 된다. 내가 마음에게 먹히면 인간은 이성적 판단을 잃고 감정의 노예가 된다. 화를 내고 속상해하기도 한다. 사소한 일에 일희일비—喜—悲한다.

우리는 자신에 대한 믿음이나 감정에 매달리는 경향이 있다. '나는 교수다, 나는 정의로운 사람이다'라는 생각이나 불편한 느낌 등은 하나의 믿음이나 느낌인데도, 그런 모습을 바로 자신이라고 생각한다. 또 우리는 그런 믿음이나 느낌의 색안경으로 보는 세상이 실재라고 착각한다.

그래서 반야경을 말한다.

그대는 본래의 마음을 보지 못하고
생각하고 분별하는 마음을 보면서
그것을 '나'라고 받아들인다.
하지만 그것은 그대의 진짜 마음이 아니다.

내가 마음의 주인되기

어떻게 하면 내가 마음의 주인이 될 수 있는가?

인간은 감정과 이성을 가진 동물이다.
감정感情이란 어떤 현상이나 일에 대하여 일어나는 마음이나 느끼는 기분을 말한다. 이성理性은 개념적으로 사유하는 능력을 감각적 능력에 대비하여 이르는 말이다.

내가 마음의 주인이 될 수 있는 방법을 인간과 감정과 이성과의 관계를 가지고 설명할 수 있다. 어떤 마음이 일면 일단 "가만 있어 보자." 하고 일어나는 마음을 멈추게 한다. 그리고선 곰곰이 생각해 보면 된다. 마음을 가만히 있게 하고, 그 마음이 이성적으로 감정을 선택하도록 만드는 것이다. 마음이 제멋대로 감정을 선택하도록 버려두지 않는 것을 말한다. 이것이 바로 내가 마음의 주인이 되는 방법이다. 내가 마음을 부려먹는 것이다.

따라서 내가 마음의 주인이 되는 방법에는 두 가지가 있다. 첫째는 아비아사abhyasa, 즉 특정한 하나의 대상에 마음을 집중하는 것이고, 둘째는 바이라기아vairagya, 즉 초연超然함으로써 마음이라는 기어를 중립에 놓고 우리의 마음을 유혹하는 생각, 감정과 자신을 분리하여 다루는 것이다. 『명상』. p.154

첫째 방법은 자신이 생각하는 자가 되어 소리나 형상, 호흡이나 감각에 집중하거나 또는 가슴이나 척추 통로와 같은 신체의 특정 중심에 마음을 집중하는 것이다. 특정 대상에 의식을 집중하는 집중명상과 같은 것이다. 벽에다 점을 하나 찍어놓고 참선

하는 것, 어떤 화두를 정하고 마음을 화두에 집중하는 것이 그것이다. 불교에서 말하는 명상의 하나인 '위빠사나'도 생각나는 것을 끊지 않고 쫓아가는 것이다. '지금 여기에 주의를 집중'하는 것이다.

위빠사나를 하는 방법은 가령 발목이 간지럽다면 간지러운 곳에 자기 손이 천천히 가는 것까지 하나하나 추적하는 것이다. 발에 손이 가서 긁으면 긁는 것까지 순차적으로 가면서 초점을 맞추는 것이다. 오늘 누구랑 이야기한 것이 생각나면 대화 내용을 그대로 반복해서 쫓아가는 것이다. 『마음』, p.128

둘째 방법은 자신을 생각에서 떨어져 지켜보는 관조자라고 생각한다. 샐리 캠튼은 그의 저서 『명상—나에게 이르는 길』에서 이것을 잘 설명하고 있다. 억지로 생각을 쫓아내려고 덤비지 않는다. 하늘에 흘러가는 구름처럼 생각을 바라보는 것이다. 구름은 하늘을 더럽히지 못한다. 구름이 시커멓고 천둥이 친다 해도, 구름이 제아무리 많은 비를 내린다 해도, 하늘에는 아무런 변화가 없다. 이와 마찬가지로 나의 참자아의식는 안에서 일어나는 어떠한 것에도 영향을 받지 않는다. 『명상—나에게 이르는 길』, p.160

특정한 대상에 끌려가는 것이 아니라 나타났다 사라져가는 것, 왔다가 사라져가는 것에 끌려가지 않고 마음을 챙겨보는 것이다. 예를 들어 내 시야에 철새 떼가 나타났을 경우 시야를 벗어나 사라져 가는 철새 떼를 물끄러미 바라보면서 관찰하는 것이다. 자기 마음에 떠오르는 것을 바라보기만 하면 된다. 과거에는 생각조차 못했던 잡념이 생겼다면 억지로 없애려 하지 말고 '이것이구나. 이렇게 생겼구나' 하고 바라보면 잡념은 저절로 사라진다. 통증이 생겨 아프면 '아프구나' 하고 그대로 보면 된다. 훈련하기 전에는 힘들지만 바라보면 보이는 것이 마음 챙김 명상이다. 『마음』, p.322

이 마음 챙김의 방법은 우리의 동양철학인데도 미국 등 서구인들의 생활에 이용가능한 생활철학으로 점차 자리 잡아 가고 있는 것이기도 하다. 『마음』, p.323

혜민 스님도 멈추면 비로소 보인다고 했지 않은가? 잠시 멈추어 본다는 것은 일어나는 그 마음을 가만히 지켜보며 관찰한다는 것이다. 기쁨과 슬픔도, 시기와 질투도 사실은 고정된 실체가 없는 것이다. 모두 마음의 장난으로 우리가 일희일비하는 것이다. 그러니 그 마음을 관조하여 원래의 것을 찾아가는 노력이 필요하다.

나도 경험한다. 누구가 밉다, 짜증난다 하는 불편한 감정이 내 마음속에 생겼을 때, 어떻게든 그 감정에서 벗어나고 싶다는 생각을 한다. 그 감정에서 벗어나고 싶어 다른 좋은 생각을 하려고 하면 할수록 그 감정이 다시 비집고 올라오지 않는가? 이럴 때는 일어나는 그 감정을 가만히 지켜보며 관찰해 보면 된다는 것이다. 부정적인 감정을 상대로 싸워 이겨 보려고만 하지 말고, 그 감정을 그대로 인정하고 관조하면서 원래의 마음의 상태를 찾아가는 것이다.

내가 불편한 감정을 마음 그릇 안에 들어가서 그 마음과 직접 싸우려 하지 않고 그 그릇 밖에서 잠시 조용히 관조하고 있으면 얼마 후에는 저절로 그 감정은 에너지의 형태가 변하는 것을 느낄 수 있다.

내가 아는 한만청 전 서울대학교 병원장은 1998년 간암을 발견하게 되었는데 나중에 폐에 전이가 되었다. 그분의 강연을 들어 안 사실인데 그분은 지금까지 잘 살고 있다. 자신이 의사이자 과학자임에도, 그분은 암에 맞서 싸울 생각을 한 게 아니라, 암과 더불어 살며 친해지는 방법으로 암을 물리쳤다고 말한다.

"암을 박멸의 대상으로 보지 않고 친구로, 동거인으로 생각하면서 마음이 편안해지고 식사와 운동도 잘하게 되고 안정을 찾게 되었어요. 기생충이든 결핵균이든 감기 바이러스든 앓고 나야 사라지듯이 암도 그렇게 왔다가 내보내면 된다고 마음먹으니까 편안해지고 여러 가지가 좋아져서 책도 썼어요. 그런 마음가짐이 결정적인 힘이 된 것 같아요." 『마음』, p.107

서울백병원의 우종민 교수는 감정의 파도는 15분 정도면 거의 사라진다고 한다. 화가 날 때, 시비가 붙었을 때는 일단 자리를 피하고 15분 정도 멈추어 생각하면 된다는 것이다. 그냥 눈 감고 아무 생각 없이 심호흡을 몇 분만 해도 진정되는 자기 자신이 발견된다. 내면의 나와 솔직히 자문자답하면서 자신을 믿고 인정하며 가여워하고 용기를 북돋아주는 시간을 가지는 것이다.

우리는 대부분 마음을 다스려야 하는 대상으로만 생각하고 '마음 다스리기' 방법을 찾기에 골몰한다. 하지만 마음을 다스리는 방법은 사실은 '자기 마음 알아가기' 또는 '마음과 친구되기' 방법이 되어야 하지 않을까?

잠시 멈추어 생각하라

내가 마음의 주인이 되는 예를 들어 보자.

내가 어떤 일에 화가 났을 때, 일단 자리를 피하여 "가만있어 보자." 하고 화나는 마음을 가만히 있게 한다. 그리고선 이성적으로 곰곰이 생각해 본다. 즉 이성을 불러들여 내가 꼭 화를 내야 하는지 생각해 보는 것이다. 그러면 '내가 나를 위험 속으로 빠뜨리고 있구나.' 하는 자각이 들 것이다. 이성적 판단으로 내가 화를 낸 것이 잘못이라는 감정느낌을 갖게 되는 것이다. 내가 마음을 부리는 주인이 된 것이다.

내가 마음을 부리지 못하고 마음이 하는 대로 내버려 두는 경우에는 화나는 마음을 멈추어 있게 하지 못한다. 화나는 마음이 하는 대로 내가 끌려가는 것이다. 우리가 흔히 '마음대로 해!' 하는 경우나 '정신 못 차리는' 경우가 바로 이것이다. 내가 마음을 부리지 못하고 마음이 나의 주인이 되는 것이다.

내가 화를 내는 것도, 기뻐하는 것도, 사실 따지고 보면 내가 아닌 다른 사람, 혹은 밖에서 일어난 일들에 대해 내가 반응하고 있는 것이다. 상대방의 행동에 내가 기뻐하고 내가 화를 내고 있는 것이다.

불은 상대방이 냈는데 내가 그 불에 타도록 내버려 두고 있는 것이나 마찬가지다. 내가 그 불에 타지 않고 살 수 있는 방법은 무엇일까? 그 불에서 떨어져 잠시 멈추어 생각하면 되는 것이다.
『무심의 마음으로 살아라』, p.139

그렇다. 화Anger에 한 글자가 더해지면 위험Danger이 된다는 사실을 잊지 말자. 그래서 인생 수행자는 어떤 감정이 일 때 그 의식을 외부에서 자기 마음 안으로 돌려 내 마음의 모습을 보고, 그 마음을 알아채려 하는 것이다. 이것이 깨달음 아니겠는가?

라마나 마하리시Ramana Maharshi는 말한다.

마음이 외면으로 향하면 생각과 대상이 된다.
마음이 내면으로 향하면 참자아 자체가 된다.

어머니 말씀이 생각난다. 어머니는 가끔 "우리가 비록 돈 많은 부자들처럼 잘살지는 못해도 자식들이 반듯하게 자라 형제들 간에 서로 우애 있게 사는 것만으로도 부자다. 남부럽지 않다."라고 말씀하신다. 부자로 살지 못하는데도 부자라고 생각하는 것은 어머니의 이성적 판단이고, 그 이성적인 판단으로 어머니는 남부럽지 않게 행복하다는 감정느낌을 가지는 것이다. 어머니가 가난하다는 마음에 먹히지 않고, 행복하다는 감정느낌을 먹은 것이다.

호랑이가 짐승을 잡을 때는 목덜미를 물어 잡는다고 한다. 우리가 토끼를 잡을 때는 귀를 잡는다. 사람은 어디를 잡으면 될까? 사람을 잡을 때는 마음을 잡으면 된다고 생각한다. 마음을 잡아야 감동을 주는 것이다.

내가 마음을 종처럼 부릴 것인가, 마음대로 하도록 내버려 둘 것인가?

감정과 이성 중 무엇이 먼저인가

인간은 이성에 의해 판단하기도 하지만 감정에 의해 움직이는 경우도 많다. 머리로 이해는 되지만 가슴마음이 내키지 않는 행동도 있다. 이성적으로 충분히 이해시킨 것이라 하더라도 마음을 움직일 수 없는 것도 있다.

재미있는 예를 들어보자. 나에게도 해당되는 이야기라 생각된다. 소위 교육전도사, 성공전도사 하며 각종 강연회에서 강의를 잘하는 명강사가 있었다. 주로 자녀교육에 관한 강의로 많은 학부모들을 감동시켰다.

"학부모 여러분! 자녀에게 공부만을 강요하지 마세요. 자녀가 공부하기 싫어하면 적성에 맞는 다른 직업을 찾아 주세요. 공부 잘하는 사람만이 출세하는 세상은 아닙니다. 초등학교 나온 사장도 많고 국회의원 지낸 사람도 있지 않아요. 그리고 제발 꼭 명문 대학만 가야 한다고 자녀를 들볶지 마십시오. 명문 대학 나온다고 인생의 성공이 보장되는 것은 아닙니다. 자녀의 능력에 맞게 보내세요. 요즈음 수도권 대학이 얼마나 인기가 높습니까?"

이처럼 그의 강의는 학부모들의 고개를 끄덕이게 만들었다.

그런데 정작 강의를 한 그 자신은 달랐다. 그에게도 고3 아들이 있었는데, 그는 집에 오기만 하면 아들에게 공부해라, 명문 대학에 들어가라 들볶아 댔다. 아들은 이런 아버지를 못마땅하게 생각했다. 아버지가 성공을 전도하는 명강사라는 것을 아들은 잘 알고 있었다.

명문 대학 타령에 잔뜩 스트레스를 받은 아들이 아버지에게 물었다.

"아버지, 아버지는 남들에게 명문 대학 진학만을 고집하지 말라고 강의하고 다니시면서 왜 저에게는 명문 대학만을 강요하세요?"

아버지는 뒤통수를 한 대 얻어맞은 기분이었다. 그는 잠시 마음을 가다듬은 후 아들에게 말했다.

"그것은 다 너의 장래를 생각해서란다. 명문 대학을 나와야만 사람 행세하고 살 수 있지 않니? 아빠 말이 틀렸어?"

남의 자식에게는 수도권의 대학이면 좋다고 하면서 자기 아들에게는 명문 대학에 가야 된다고 우겨대는 모순을 범하는 것이다. 자기 자식은 좋은 대학에 가서 훌륭한 사람으로 성장하기를 진심으로 바라면서, 남의 자식은 그저 아무 대학이나 가서 적당히 취직이나 하면 된다고 건성으로 생각하기 때문이다.

자신의 입장은 가슴으로 헤아리면서 남의 입장은 머리로 헤아리는 것이다. 자신은 편히 있으면서 남에게는 희생하라고 외쳐대는 모순이며, 자신은 멋대로 살아가면서 남에게는 바르게 살라고 독려하는 위선이다.

자신의 입장에서만 생각하는 머리는 타인들의 가슴속 깊이 숨어 있는 진실에 접근할 수 없어서 상대방에게 감동을 주지 못한다. 상대방을 감동시키는 것은 냉철한 머리보다 따뜻한 가슴에서 나오는 경우가 많다.

그러면 감정이 먼저일까, 이성이 먼저일까?

도스토예프스키1821-1881의 작품 『카라마조프의 형제들』에서는 논리보다 감정이 더 앞서는 것이라고 말하고 있다. 박애주의자 알료샤가 지식인 이반에게 말한다.

"논리보다 앞서서 우선 사랑하는 거예요. 사랑은 반드시 논리보다 앞서야 해요. 그때 비로소 삶의 의미도 알게 되죠."

사실 인간의 감정이라는 것은 내면에서 나오는 것이기 때문에 통제가 더 어렵다. 그래서 감정과 이성 어느 것을 선택해도 될 때, 이성보다 감정이 앞서는 경우가 많다. 2002년 노벨 경제학상 수상자 대니엘 카너만은 연구를 통해, 인간은 이성에 의해 합리적으로 행동하기보다는 감정에 쉽게 흔들리며 주먹구구식으로 판단한다고 주장하였다.

자녀들을 변화시키고 싶을 때, 직원들의 성과를 높이고 싶을 때, 고객을 설득하고 싶을 때가 있다. 이럴 때 아무리 옳은 말이나 좋은 정보와 자료로도 상대방이 내 의견을 따를 기분을 느끼지 못한다면 그를 설득할 수 없다. 마음이 움직여야 감동感動하는 것이며, 감동해야 행동行動하기 때문이다. 그래서 감정을 터치하라는 말이 나오고 경영학에서는 감성 경영, 감성 마케팅을 말하는지도 모른다. 모든 선택은 감정이 좌우한다고 해도 과언이 아닌 것 같다.

그렇지만 인간은 감정이 생기면, 이성적인 판단을 통해 어떻게 하는 것이 인간다운 것이며 인간의 도리인지를 선택하여 말하고 행동하기도 한다.

예를 들어 동물에게는 예술활동이라는 것이 없다. 동물이 그림을 보러 갔다거나 음악을 들으러 갔다는 말을 듣지 못했다. 하지만 인간은 이성적인 판단을 통해 시간을 내고 돈을 들여 가면서까지 예술을 즐긴다. 감정이 편안해지고 행복감을 느끼기 때문이다.

이런 점에서 보면 이성과 감정 중 어느 하나를 우위에 두는 시각은 잘못된 것이라 할 수 있다. 감정과 이성의 균형 있고 지혜로운 통합이 중요하다 할 것이다.

『주홍글씨The Scarlet Letter』를 쓴 미국 작가 나타니엘 호돈

Nathaniel Hawthorne의 작품에는 항상 머리와 마음의 균형이라는 주제가 그 근저에 흐르고 있다. 머리는 이성을 말하고 마음은 감정을 말한다. 지나치게 이성에 치우쳐서도 안 되고, 지나치게 감정에만 치우쳐 이성적 사고를 못해도 참다운 인간이 되지 못한다는 메시지를 전하고 있는 것이다.

'나'를 어떻게 다룰 것인가

우리의 행동은 선과 악으로 나누어지는데, 악한 마음을 품으면 악한 말과 행동으로, 선한 마음을 품으면 선한 말과 행동으로 나타나는 법이다. 마음 다스리기의 경전이라 할 수 있는 팔만대장경의 가르침도 모두 '마음 심心' 한 글자로 통한다고 말한다. 마음을 표현하는 것은 곧 자기를 표현하는 것이다. 그러므로 마음을 다루는 것이 자기를 다루는 것이다.

그러면 마음을 다루는 '나'라는 존재는 무엇인가?

활 만드는 사람은 줄을 다루고
배 부리는 사람은 배를 다루며

목수는 나무를 다루고
어진 사람은 자기를 다룬다.

『법구경』도장품

어리석은 목수는 나무를 잘 다룰 수 없다. 마찬가지로 어리석은 사람은 '나'를 잘 다룰 수 없을 것이다.

나를 다룬다는 것이 얼마나 어려운 가를 잘 말해주는 고전이 있다. 『장자』다. 장자는 「달생達生」편에서 내기 활 쏘는 사람의 예를 들어 이를 설명하고 있다.

"기왓장을 놓고 내기 활을 쏘면 잘 맞고, 허리띠를 놓고 쏘면 주저하게 되고, 황금을 놓고 쏘면 마음이 혼란해진다. 기술은 마찬가지인데 뭔가 더 귀중하다고 여기는 것이 있어서 그 외면적인 것을 중시하는 것이다. 무릇 외면적인 것을 중시하면 내면적인 것이 허술해질 수밖에 없다."

「달생」편의 주제는 마음이 주객으로 분리되는 일이 없도록, 마음이 온전히 하나됨을 깨우치고 있다. 이른바 허심, 무심의 경지, 도道의 경지다. 내기 활을 쏘는 사람은 상품으로 걸어 놓은 것 때문에 마음이 흐트러져 이런 마음의 상태를 유지하지 못했다는 것이다. 외적 조건에 좌우되어 마음이 흔들리는 것은 '기술'의 단계를 넘지 못했기 때문이다. 궁술弓術을 벗어나지 못하고 궁도弓道에 이르지 못했다는 것이다. 우리는 많은 올림픽 대회에서 유명 스포츠 선수가 첫 금메달을 딸 것이라는 온 국민의 기대에도 불구하고 뜻을 이루지 못한 경우를 자주 본다.

『장자』에 보면 다시 목계木鷄 이야기가 나온다. 마음을 잘 다루는 사람은 마치 나무로 깎아 놓은 닭목계과 같다는 것이다.

싸움닭을 길렀는데, 처음에는 쓸데없이 허세를 부리고 자기 힘만 믿고 달려든다. 열흘이 지나도 다른 닭을 보고 덤벼든다. 또 다시 열흘이 지나도 혈기 왕성하게 상대를 노려본다. 다시 열흘이 지나서야 비로소 닭이 되었다. 상대가 울음소리를 내어도 아무런 변화가 없는 닭이 된 것이다. 나무로 깎아 놓은 닭목계과 같이 된 것이다. 그 닭은 덕이 온전해진 닭이어서 다른 닭이 감히 상대하지 못하고 달아나 버린다.

무심, 허심에서 생기는 내면의 힘이 겉으로 드러나는 허세를 압도한다는 이야기다. 목계는 내면적인 힘을 배양하기 위한 정신수양의 좌우명이 되었다.

『맹자』는 말한다.

노심자치인勞心者治人,
마음을 써서 일하는 사람은 남을 다스리고,
노력자치어인勞力者治於人.
힘을 써서 일하는 사람은 남에게 다스림을 당한다.

골프 등 스포츠를 할 때 많이 경험한다. 내 마음을 내가 다루지 못하는 것이다. 연못이나 벙커가 나타났을 때 공이 그곳에 빠지면 어떡하나 걱정부터 하면 어김없이 공을 그곳에 빠뜨리고야 만다. OB 내지 말아야지 하고 마음먹고서는 OB를 내고야 만다. 잘될 때를 조심하고 안될 때는 더욱 평정심을 되찾아 무너지지 않아야 하는데 그러지를 못하는 것이다. 그래서 골프에서 의욕과 점수는 반비례하는가 보다.

마음을 들여다보면 나를 알아가게 된다. 무엇에 기쁨을 느끼고, 무엇에 화를 내는지, 무엇 때문에 힘들어 하는지……. 나를 알게 될수록 어떤 묶임에서 풀린 듯 훨씬 자유로워지고 편안해진 자신을 발견하게 될 것이다.

어진 사람, 지혜로운 자만이 '나'를 잘 다룰 수 있을 것이다. 나도 목계가 될 수 있을까? 이제 '나'를 다룰 수 있는 지혜를 찾기 위한 물음을 시작하기로 한다.

걸어가는 길에서서, 오준원

제2장
생각 Thinking에 묻다

새는 알에서 나오려고 싸운다.
알은 새의 세계다.
태어나려고 하는 자는 하나의 세계를 깨뜨리지 않으면 안 된다.
새는 신을 향하여 날아간다.
그 신의 이름은 아프락사스라고 한다.

— 헤르만 헤세의 『데미안』에서 —

생각 방정식

　우주에는 무한하고 유일한 힘, 즉 우주의 자연법칙이 있다고 한다. 그 법칙이 바로 끌어당김의 법칙Law of Attraction이고, 그것은 '비밀'이라고 한다. 호주의 TV 프로듀서 출신 론다 번Rhonda Byrne 은 그녀의 저서 『시크릿 Secret』에서 '비밀' 즉 끌어당김의 법칙을 말한다. 그 내용은 이렇다.

　우리의 인생에 나타나는 모든 현상은 우리가 끌어당긴 것이다. 우리가 마음에 그린 그림과 생각이 그것들을 끌어당겼다는 뜻이다. 마음에 어떤 생각이 일어나든지, 바로 그것이 우리에게 끌려오게 된다. 이 강력한 법칙을 통해 생각이 실체가 되어 삶에 나타난다. 생각은 자석이고 생각에는 주파수가 있다. 생각이 특정 주파수를 형성하여 그 주파수에 있는 것들을 끌어당기면 그것들이 삶에서 나타난다. 생각이 현실이 된다. 생각에는 한계가 없다. 인생을 바꾸고 싶다면 생각을 바꿔라.

마음이 어떤 곳에 가 있으면 당신 몸도 그곳으로 간다. 스포츠 선수에게 마음속으로 달리게 하고 신체를 측정한 결과, 실제로 달릴 때와 같은 근육 활성화를 보였다. 단지 마음으로 시합했을 뿐인데 말이다. 마음속에서 영상을 만들 때 절대적으로 항상 당신이 원하는 최종 결과에만 집중하라.

『마음』에서도 이와 같은 상상훈련, 즉 이미지 트레이닝의 효과를 말하고 있다. '멘탈 트레이닝'이라 불리는 이 '정신적 훈련'은 실제 근육 강화운동을 하지 않은 채 단지 마음속으로 근육을 강화하는 것만으로도 효과가 있다는 것이다. 미국 클리블랜드 병원 신경과학자 광예 박사가 실험을 통해 확인한 것이다. 『마음』, p125

신체 훈련과 이미지 트레이닝을 인간의 뇌는 구분하지 못한다. 그래서 이미지 트레이닝은 신체 훈련과 똑같은 효과를 볼 수 있다.

『시크릿 Secret』과 『마음』에서 '비밀' 즉 끌어당김의 법칙에 대한 주장을 보았다.

우리는 일상생활에서 마음속으로 어떤 생각을 하고 그림을 그리며 살아간다. 그리고 그것의 실현을 위해 노력하고 고민한다. 우리가 마음속에 품고 있는 생각이 실체가 되어 삶으로 나타난다.

따라서 인생을 바꾸고 싶다면 생각을 바꿔야 한다고 얘기할 수 있다.
"상상하면 이루어진다."라고 말하는 『시크릿』과 『마음』의 주장에 반기를 드는 사람도 있다. 하지만 끌어당김의 법칙은 한편으로는 삶에 있어서 좋은 생각의 관점을 제시해 주고 있다고 생각한다.

혜민 스님도 본인의 저서 『멈추면 비로소 보이는 것들』에서 이렇게 말한다.

"마음의 도화지에 원하는 삶을 자꾸 그리다 보면 어느새 그 그림이 살아서 뛰어 나옵니다. 이왕이면 다른 사람과 내가 함께 행복해지는, 그런 최고로 좋은 그림을 자꾸 그리세요."

꿈을 꾸는 자만이 이룰 수 있는 것이다. 따라서 생각은 자석이고 생각에는 주파수가 있다는 주장도 참고할 만하다. 특정 주파수를 가진 생각이 그 주파수에 있는 것들을 자석처럼 끌어당기면 그것들이 현실로 나타날 수 있다는 믿음도 가져보자. 생각이 현실을 만들기 때문이다.

세상은 우리들 마음속에 존재한다The world is in our mind, not anywhere else. 세상을 만드는 유인력은 단순한 생각이 아니라 우리가 마음속으로 그리는 생각과 감정이다.

생각이 삶의 근본이요, 그 출발임에 틀림없다. 그렇다면 생각은 어떻게 해야 할까? 삶의 지침으로 삼을 수 있는 생각 방정식은 무엇이며 그 해법은 무엇일까? 많은 책들을 통해 생각은 자신의 철학과 소명의식이 있고, 긍정적이며 창조적일 때 우리의 삶을 풍요롭고 가치 있게 해줄 수 있음을 알게 되었다. 그러한 생각이 지혜를 발휘할 수 있게 해주기 때문이다. 여기에서 생각 방정식을 도출해 낼 수 있다.

생각Thinking=[철학Philosophical·긍정Positive·창조Creative]
즉, 생각 'T=P^{2}C'라는 방정식이다.

먼저 나의 삶을 살기 위해서는 나의 철학 또는 소명의식이 있어야 한다. 이것은 나는 누구이며 무엇인가에 대한 대답이다. 따라서 나의 철학을 가져야 한다는 것은 내가 소명의식을 갖고 살아야 하는 나의 존재 원리이다. 다음으로 긍정적인 생각이 인생의 성공을 가져 온다. 따라서 긍정적인 생각은 인생의 성공원리다. 마지막으로 나의 삶을 가치 있게 하고 세상의 변화를 이루며 생존하기 위해서는 창조적인 생각을 가져야 한다. 따라서 창조적인 생각은 생존을 위한 조건으로서 생존 원리를 이룬다.

한마디로 생각 방정식은 존재의 원리, 성공의 원리 그리고 생존의 원리로 구성되는 것이다. 이 생각 방정식으로 가치와 지혜를 얻기 위한 구체적인 방법과 지침은 무엇일까를 찾아가기로 한다.

지혜, 오준원

존재의 원리

보통 갈매기와 조나단 리빙스턴

바다를 여행하면 보트 주위에 갈매기 떼가 모여든다. 과자 부스러기를 얻어먹기 위해서다. 그것이 갈매기의 버릇이다.

리처드 바크의 소설 『갈매기의 꿈』은 이를 잘 묘사하고 있다. 그런 한편, 보통 갈매기에서 벗어나고자 몸부림치는 조나단 리빙스턴 시절을 그리고 있다.

모든 갈매기들에게 있어 중요한 것은 '나는 일'이 아니라 '먹는 일'이었다. 하지만 갈매기 조나단 리빙스턴에게 있어서 중요한 것은 '먹는 일'보다도 '나는 일' 그 자체였다. 『갈매기의 꿈』, p.15

보통 갈매기는 보트로부터 나오는 빵 부스러기를 얻어먹기 위해 비행한다. 그러나 갈매기 조나단 리빙스턴은 '나는 일'의 진정한 의미를 알려고 고투苦鬪를 벌인 것이다.

조나단은 외쳤다. "내 말을 들어 주세요. 지금 우리는 삶의 목적을 갖게 되었습니다. 배우는 일, 발견하는 일 그리고 자유로이 되는 일이 그것입니다!" 『갈매기의 꿈』, p.44

그는 배우는 일에 열중했다. 600m 상공 급강하 훈련에서 시작해 3,400m 상공에서 급강하하는 곡예비행을 익히는가 하면, 시속 110km 비행에서부터 342km 한계를 넘어 440km 비행까지 훈련을 거듭하였다. 마침내 그는 공중회전, 느린 횡전橫轉, 분할 횡전, 배면 맴돌며 강하하기, 바람개비처럼 돌기 등 고등 비행기술을 발견했다.

교사 설리반은 조나단에게 말했다.

"보통 갈매기들은 자신들이 어디에서 왔는지도 금방 잊어버리며, 앞으로 어디로 향해 갈지조차 생각하지 않고, 단지 그 순간의 일만을 생각하며 살아왔어. 인생에는 먹기, 다투기, 또는 권력 싸움 따위보다 훨씬 중요한 일이 있었다고 비로소 깨달을 때까지, 갈매기들은 얼마나 오랜 세월을 지내야 했던 것일까. 넌 그걸 알 수 있지? 우리는 여기서 배우고 있는 것을 통해서 다음의 세계를 선택하는 거야. 만약 여기서 아무것도 안 배우면, 다음 세계도 똑같은 것이 돼." 『갈매기의 꿈』, p.69

"조나단, 너는 다음 격언을 알고 있을 테지. 이건 진실이야. '가장 높이 나는 갈매기가 가장 멀리 본다.'는 것 말이야." 『갈매기의 꿈』, p.87

나이 든 선배 갈매기 치앙은 조나단에게 말했다.
"사실 천국이란 곳은 없어. 천국이란 장소나 시간이 아니라 완전한 경지를 가리키는 것이니까." 『갈매기의 꿈』, p.71

"묘한 일이야. 이동하는 일은 마음에도 없고, 완전한 지복至福의 상태를 경멸하고 있는 갈매기들은 느려서 아무 데도 못 가. 이동하는 일 따위는 안중에도 없이 완전한 것을 구하는 자들은 순식간에 어떤 곳이든 가거든. 기억해 두어라, 조다난. 천국이란 장소가 아니다. 시간도 아니다. 왜냐하면 장소나 시간 자체는 아무런 의미도 없는 것이기 때문이야." 『갈매기의 꿈』, p.80

　치앙이 말하는 바에 의하면, 순간 이동의 비결은 우선 조나단 자신이 자기를 한정된 능력밖에 가지고 있지 않은 육체 속에 갇힌 불쌍한 존재라고 생각하지 않는 데 있었다. 아직 쓰이지 않은 숫자가 한계를 갖지 않듯이, 본래의 자기는 무한히 완전한 것임을 알아야 한다고 말하는 것이었다. 『갈매기의 꿈』, p.81

　조나단은 깨달았다. '그래, 정말 그렇다! 나는 완전한 갈매기, 무한한 가능성을 지닌 갈매기로서 여기 있다.' 조나단은 자기는 뼈와 깃털의 덩어리가 아니라, 무엇에도 구애받지 않는 자유와 비행의 완전한 정신이라고 깊이 생각했다. 『갈매기의 꿈』, p.90

　조나단은 말한다. "우리 한 마리 한 마리가 바로 위대한 갈매기의 사상이고, 자유라는 무한無限 사상이야. 우리를 제한하는 모든 것을 우리는 제거하지 않으면 안 돼." 『갈매기의 꿈』, p.105

　"플레처, 기억하고 있나? 우리의 육체는 생각 그 자체이며, 그 이외의 아무것도 아니라는 것을." 갈매기의 꿈, p.125

"플레처, 너의 눈이 가르쳐 주는 것을 믿어서는 안 돼. 눈에 보이는 것은 모두 허위야. 너의 마음의 눈으로 보는 거야. 이미 자기가 알고 있는 것을 찾아야 해. 그러면 어떻게 나는지를 발견할 수 있을 거야." 『갈매기의 꿈』, p.129

돌팔이와 닥터 노먼

의사와 돌팔이의 구분은 의술의 차이가 아니라 소명의식의 차이에 있다. 의사는 환자를 위해 의술을 쓰지만 돌팔이는 돈을 위해 의술을 쓰는 사람이다.

2005년 겨울철, 어머님은 농촌 시골마을을 돌며 치과 의료행위를 하는 돌팔이 의사의 유혹에 빠져 치아보철을 하시게 되었다. 나중에 치아들에 염증이 생기고 피도 나고 아파하시면서 식사도 제대로 못 하셨다. 결국 보철을 한 치아는 물론 그 주위의 모든 치아까지 빼고 서울에서 위아래 틀니를 하셔야 했다. 그때서야 알았다. 그 돌팔이 의사가 사용해서는 안 되는 부실 금속재질을 사용하여 치아보철을 하였고, 틈새 없이 정밀하게 교정하지 못하였기 때문이라는 것이다.

시골의 그 돌팔이 의사는 사람의 생명을 귀히 여기며 생명을 구하고 진료하고 치료하는 데 의술을 사용한 의사가 아니라, 그저 돈에만 눈이 어두운 돌팔이였던 것이다.

『닥터 노먼 베쑨』은 알렌Ted Allan과 고든Sydney Gordon이 쓴 책이다. 캐나다에서 출생하여 스페인, 중국 등에서 올바른 목적을 위하여 의술을 사용한 휴머니스트 의사 노먼 베쑨의 일대기다.

『닥터 노먼 베쑨』은 이렇게 적고 있다.

미국 미시건주 디트로이트시에서 개업을 한 이후 어느 날 밤, 베쑨은 병원 문을 쾅쾅 두드리는 소리에 잠에서 깼다. 한 사나이가 어둠 속에 서 있었다. 자기 부인이 산고를 겪고 있는데 늦은 밤이라 분만을 도와줄 의사를 찾을 수 없다며 찾아온 것이었다. 베쑨은 그를 따라 가서야 그 이유를 깨달을 수 있었다. 그 사나이와 아내, 두 아이가 함께 살고 있는 곳은 디트로이트시 외곽에 버려진 박스카였던 것이다.

그 사나이는 부인의 분만을 도와줄 의사를 찾아 헤매고 돌아다녔지만 의사들은 한밤중 잠자는 사람을 깨우고 난리라며 푸념만 했을 뿐 사람을 구해달라는 그 사나이의 간청을 한사코 외면한 것이다.

베쑨은 영양실조에 걸린 산모에게서 보통보다 아주 작은 쭈글쭈글한 갓난애를 받아냈다. 아이 아버지가 1달러짜리 지폐 한 장을 손에 쥐고 쫓아 왔지만, 베쑨은 그 지폐를 다시 그의 셔츠 주머니에 찔러 넣어주고 그곳을 나왔다.

베쑨은 박스카를 나서면서 이렇게 생각했다.
"신성한 의술? 이 무슨 개뼈다귀 같은 말인가? 인술이라? 거 참 말이 좋군. 그 사기꾼들은 자신의 안락한 수면을 위해서 박스카에 사는 남편의 간청을 거부했지 않았는가? 그들이 장사꾼이 아니라 의사라는 사실을 상기시켜주고 싶은 심정이야."

그렇다. 의사와 돌팔이의 구분은 의술의 차이가 아니라 소명의식의 차이에 있다. 환자를 위해 의술을 쓰는 의사인가, 돈을 벌기 위해서만 존재하는 돌팔이인가?

벽돌공과 건축가

공사장에서 벽돌을 쌓고, 돌을 다듬는 인부가 있었다.
그중 한 사람에게 물었다. 왜 공사장에서 그 일을 하느냐고.
그는 푸념 섞인 말투로 이렇게 대답하였다.
"누가 하고 싶어 하나요? 먹고 살기 위해 마지못해 일하지요."

다른 한 사람에게 똑같이 물었다. 그는 신념에 찬 목소리로 이렇게 대답하였다.
"나는 건축가로서 일하고 있는 거요. 내 혼을 불어넣어 역사에 남을 훌륭한 건축물을 만들어 보고 싶소. 그 생각만 하면 나는 시간 가는 줄 모른다오."

두 사람은 똑같이 공사장에서 벽돌을 쌓는 벽돌공이었지만, 한 사람은 그저 돈벌이를 위해 일하는 벽돌공이요, 다른 한 사람은 소명의식을 가지고 시간 가는 줄 모르고 일하는 훌륭한 건축가다.

'그저 벽돌공'은 즐거움 없이 일하는 것이 스트레스로 느껴진다. 마지못해 일을 하기 때문이다. 마지못해 한다는 것은 마음이 일에서 떠나 있다는 말이다. 몸과 마음이 따로 놀고 엇박자를 치기에 스트레스를 주는 것이다. 그래서 시간 가는 것이 지겹고 삶에 재미를 느끼지 못한다. 이는 지금 내 삶에 대한 소명의식이 없어 열중하지 않기 때문이다.

즐겁게 일하는 건축가는 시간 가는 줄도 모르고 일한다. 삶이 재미있기 때문이다. 소명의식이 뚜렷하여 자기 삶에 집중하기 때문이다.

2014년 2월 17일, 경북 경주 마우나 리조트 체육관 붕괴사고가 있었다. 이 사고로 신입생 환영회 행사 중이던 대학생과 이벤트회사 직원 1명 등 10명이 사망하고 100여 명이 부상을 당했다. 수사 결과 부실시공이 붕괴의 원인임이 밝혀졌다. 건물을 건축하면서 설계·시공·감리 관련자들이 소명의식을 갖고 책임을 다했다면 그러한 사고가 발생했겠는가?

나는 2008년을 비롯하여 2~3번 스페인의 바르셀로나를 방문한 일이 있다. 바르셀로나의 가우디 성당은 1882년에 건축을 시작하여 방문 당시에도 대를 이어 건축 중이었다. 게다가 가우디 사망 100주년이 되는 2026년에야 140여 년에 걸친 역사의 대장정을 거쳐 완공할 예정이란다. 그야말로 건축가의 소명의식과 삶과 혼을 불어넣지 않고서는 불가능한 일이다.

그렇다. 그 일을 하고 싶어 하는 열정을 갖고 즐거운 마음으로 일하는 사람이 성공하기 마련이다.

"아는 것은 좋아하는 것만 못하고 좋아하는 것은 즐기는 것만 못하다."

바로 공자의 가르침이다. 일도 공부도 수양도 즐거워하는 마음으로 해야 성공하는 법이다.

발명왕 에디슨처럼 한 분야에서 위업을 달성한 사람들은 하기 싫은 일을 억지로 하지 않고 일을 즐겼다는 공통점이 있다.

마틴 루터 킹은 말한다.

만약 누군가에게 거리의 청소일이 맡겨졌다면 그는 미켈란젤로가 그림을 그리듯, 베토벤이 음악을 만들듯, 셰익스피어가 시를 쓰듯 그렇게 거리를 청소해야 한다. 하늘과 땅의 주인이 가던 길을 멈추고, '여기 자신의 일을 참으로 열심히 했던 한 훌륭한 청소부가 살았노라.'고 말할 수 있도록.

오동나무와 매화, 팽이

동천년노 항장곡桐千年老 恒藏曲
매일생한 불매향梅一生寒 不賣香
오동나무는 천년이 되어도 항상 제 곡조를 간직하고
매화는 일생을 춥게 살아도 향기를 팔지 않는다.

내가 아끼는 표구된 액자에 쓰인 글귀이다.
조선시대 4대 문장가 신흠1566~1628 선생의 한시에 나오는 구절인데 나머지 글귀까지 소개하면 다음과 같다.

월도천휴 여본질月到千虧 餘本質
류경백별 우신지柳經百別 又新枝
달은 천 번을 이지러져도 그 본질이 남아 있고
버드나무는 백 번을 꺾여도 새 가지가 올라온다.

퇴계 이황 선생은 신흠 선생의 이 한시를 좌우명으로 삼았다고 한다.

김수영1921~1968 시인이 1953년에 쓴 시 「달나라의 장난」은 팽이에 대해 쓴 시다.

팽이가 돈다.
팽이가 돌면서 나를 울린다.

영원히 나 자신을 고쳐가야 할 운명과 사명에 놓여 있는 이 밤에
나는 한사코 방심조차 하여서는 아니 될 터인데
팽이는 나를 비웃는 듯이 돌고 있다

그렇다. 팽이는 오직 돌 때만 팽이일 수 있다. 팽이는 돌기 위해 존재하는 것이기 때문이다. 돌아가는 팽이에게서 자신의 삶, 인간의 삶을 되돌아본다.
나는 남이 하는 운동을 흉내 내며 살아가고 있는가, 아니면 훌륭하고 당당하게 자신의 삶을 살고 있는가?

일생의 걸작품

오 헨리의 유명한 소설에 『마지막 잎새』가 있다. 나의 가슴에 남는 내용을 적어본다.

화가 지망생 존시는 폐렴에 걸려 날로 병세가 악화되지만 침대에 가만히 누워 창밖 벽돌 담벽으로 치뻗어 있는 뼈만 남은 담쟁이 넝쿨의 잎새를 세고 있다. 거꾸로 세고 있다. 열둘, 열하나, 열…….

"담쟁이 넝쿨에 있는 저 마지막 잎새가 떨어지면 나도 갈 테지. 의사가 언니에게 그렇게 말하지 않았어?"

그들의 아래층에 사는 60세의 늙은 화가 베어만 노인! 필생의 걸작을 그려 내고야 말겠다는 다짐을 40년 이상 하고 있지만 그 꿈을 실현하지 못하고 근근이 살아간다.

11월의 어느 날 밤, 밤새도록 계속 세찬 비바람이 몰아쳤는데도 거기에는 아직도 담쟁이 잎새 하나가 벽돌 담벽에 그대로 붙어 있지 않은가! 친구 수는 존시에게 말하였다.

"베어만 씨가 어제 병원에서 죽었어……. 창문을 내다보라구. 저 마지막 담쟁이 잎새가 담벽에 그대로 붙어 있지 않아? 아, 이것 봐. 글쎄, 그게 베어만의 걸작품이거든. 그가 마지막 잎새가 떨어지는 밤에 그 마지막 잎새를 그려 놓았어!"

결국 베어만 노인은 마지막 잎새 그림을 그려놓고 그날 밤 얻은 폐렴으로 죽은 것이다. 존시의 생명과 맞바꾼 일생의 걸작품을 남기고서!

소크라테스의 변론

소크라테스와 플라톤 사이에는 40년의 차이가 있다. 소크라테스의 나이 60세 전후에, 20세 전후의 플라톤은 그의 제자가 되어 8년 동안 배웠다. 소크라테스 나이 70세 때, 그리스의 신들을 믿지 않고 모욕했으며 젊은이들을 선동한다는 혐의로 시인 멜레토스 등에 의해 고발당해 재판에 회부되었다. 보통사람이라면 어린 자식들 때문에라도 배심원들과 타협하고 자비를 구할 수도 있었지만, 그는 진실에 대한 굳은 신념을 굽히지 않고 B.C. 399년 결국 사형당하고 만다.

소크라테스는 자신의 무죄를 입증하기 위해 스스로를 변론한다. 30세 이상의 아테네 성인 남자 중 추첨으로 선발된 500명의 배심원이 그에 대한 판결에 참여했다. 1차 판결에서 배심원 중 그의 사형에 찬성한 사람이 280명, 반대가 220명이었다. 그러나 신념을 굽히지 않은 자신에게 문제가 있는 것이 아니라 배심원들이 문제가 있다는 투의 일관된 변론이 일부 배심원들의 심기를 거슬리게 했다. 마침내 2차 판결에서는 찬성과 반대의 비중이 360대 140으로 바뀌어 결국 죽음을 맞게 된다.

제자인 플라톤이 기록한 『소크라테스의 변론』은 이 사건을 생생하게 기록하고 있다. 소크라테스는 이 책에서 진정으로 '지혜로운 자'가 어떤 사람인지, '훌륭한 삶'이란 어떻게 살아가는 것인지에 대한 명쾌한 답을 제시하고 있다.

소크라테스는 말한다.

"그 사람도 나도 미美나 선善을 사실상 모르고 있지만 나는 그보다는 지혜롭습니다. 왜냐하면 그는 아무것도 알지 못하면서 스스로는 알고 있다고 생각하지만, 나는 알지도 못하고 또 안다고 생각하지도 않기 때문입니다. 그래서 나는 이 사람보다 더 지혜롭다고 알려져 있는 다른 사람을 찾아갔으나 결론은 마찬가지였습니다. 따라서 나는 그와 그 이외의 많은 사람을 적으로 만들었습니다." 『공병호의 고전강독1』, p.40

"조금이라도 지혜가 있는 사람은 죽느냐 사느냐 하는 위험을 헤아려서는 안 됩니다. 그는 어떤 일을 하면서 오직 올바른 행위를 하느냐 나쁜 행위를 하느냐, 곧 선한 인간이 할 일을 하느냐 악한 인간이 할 일을 하느냐 하는 것만을 고려해야 합니다."『공병호의 고전강독1』, p.47

배심원들로부터 사형을 언도받고 감옥에 갇힌 소크라테스와, 어떻게든 죽음만은 면하게 하기 위해 도망을 권유하는 친구 크리톤. 그 두 사람과의 열띤 대화를 담은 책이 플라톤의 〈대화편〉 중 『크리톤Kritōn』이다.

『크리톤Kritōn』에서 소크라테스는 말한다.
"그냥 사는 것이 아니라 훌륭하게 사는 것을 가장 중시해야 한다는 것이 여전히 우리에게 유효한지 아닌지를 고찰해 보게. 그리고 훌륭하게 사는 것과 아름답게 사는 것과 정의롭게 사는 것이 같다는 건 유효한가 아닌가?"『공병호의 고전강독1』, p.124

소크라테스는 그냥 사는 것이 아니라 훌륭하게 살아야 한다는 것을 강조한다. 그리고 훌륭하게 사는 삶은 아름답게 사는 것, 정의롭게 사는 것이라고 말한다. 우리는 어떻게 살 것인가?

천하의 두 가지 기준

앞서 말한 것처럼 소크라테스는 그냥 살 것이 아니라 훌륭하게, 정의롭게 살아야 한다고 말한다. 다산 정약용 선생은 유배지에서 귀양이 풀려 고향 땅으로 돌아오기를 간청하는 큰아들 학연에게 답하는 편지에서, 삶의 2가지 큰 기준을 설파하고 있다.

다산이 강진에서 유배생활을 하고 있을 때, 다산의 육촌 처남 홍의호에게 편지를 보내 항복을 빌고, 강준흠과 이기경에게 꼬리치며 동정을 받도록 애걸해 보라는 취지의 편지를 큰아들이 보냈다. 이에 대한 답신에서 다산은 이렇게 말한다.

"천하에는 두 가지 큰 기준이 있는데 옳고 그름의 기준이 그 하나요, 다른 하나는 이롭고 해로움에 관한 기준이다. 이 두 가지 큰 기준에서 네 단계의 큰 등급이 나온다. 옳음을 고수하고 이익을 얻는 것이 가장 높은 단계이고, 둘째는 옳음을 고수하고도 해를 입는 경우이다. 세 번째는 그름을 추종하고도 이익을 얻음이요, 마지막 가장 낮은 단계는 그름을 추종하고 해를 보는 경우이다."

『유배지에서 보낸 편지』, p.122

"그렇게 하는 것은 앞서 말한 세 번째 등급을 택하는 일이다. 그러나 마침내는 네 번째 등급으로 떨어지고 말 것이 분명한데 무엇 때문에 내가 그 짓을 해야겠느냐."

운명에 맡기고 세월을 기다리는 것이 마땅하니 걱정 말라고 큰아들을 타이른 것이다.

그렇다. 무언가를 판단할 때는 내가 내릴 결정이 얼마나 많은 사람들에게 이익을 줄 것인가에 기준을 맞춰야 한다. 나 자신에게만 만족을 가져오는 것은 선이 아니기 때문이다.

주인과 머슴

주인은 미래를 보고, 머슴은 오늘 하루를 본다.
주인은 힘든 일을 즐겁게 하고, 머슴은 즐거운 일도 힘들게 한다.
주인은 일할 시간을 따지고, 머슴은 쉬는 시간을 따진다.

주인은 되는 방법을 찾고, 머슴은 안 되는 핑계를 찾는다.
주인은 자신이 책임지고, 머슴은 주인이 책임진다.

주인은 스스로 일하고, 머슴은 남이 봐야 일한다.
주인은 스스로 움직이고, 머슴은 주인에 의해 움직인다.
주인은 소신 있게 일하고, 머슴은 남의 눈치만 본다.

내가 회사의 주인이라고 생각하는 사람과 월급쟁이일 뿐이라고 생각하는 사람 사이에는 상상할 수 없을 정도로 큰 차이가 존재한다. 성공하지 못한 사람의 몸에 사는 곤충이 '대충'이라는 말도 있다. 일을 대충대충 처리한다는 의미다. 일을 할 때는 즐겁고 재미있게 일하자. 그게 나의 정신 건강에도 좋고 나의 실력을 쌓는 데도 도움이 된다.

공직자들은 가졌는가

태조 왕건 이래 475년918~1392 만에 고려가 멸망할 때, 많은 충신들이 두문동으로 들어가 끝까지 충절을 지켜 고려의 망국을 슬퍼하였다. 그러나 1910년 8월 일본이 대한제국을 강점할 당시에 생긴 76명의 새로운 귀족들은 어떠했는가? 그들은 모두 작위 爵位를 받고 세비와 상금을 받았다. 정부의 고관들, 정부의 국록을 먹던 자들이 우리 민족이 아닌 일본에게 나라를 팔고 그 대가

를 받은 것이었다. 『이야기 한국사』, p533

조선왕조실록세종실록에 보면, 백성을 불쌍히 여겨 한글을 창제하신 세종대왕은 관노의 아들 장영실을 시켜 해시계앙부일구 2개를 제작하게 한다. 그 해시계를 어디에 놓아둘 것인가?

관청의 관점에서 보면 당연히 경복궁 근정전이나 사정전 뜰에 설치하였을 것이다. 그러나 세종대왕은 1개는 사람들이 많이 다니는 지금의 동아일보사 옆 혜정교 다리에, 다른 1개는 종묘거리 종묘 앞 큰길에 놓게 한다. 백성의 관점에서 보았기 때문이다.

나는 이러한 관점을 나의 저서 『공공감사제도론』에서 '민본효과'라는 개념으로 설명한다. 민본효과란, 행정의 효과를 정부의 입장에서가 아니라 국민의 관점에서 국민이 느끼는 행복감, 만족감으로 평가하는 것임을 대학 강의를 통해서도 주창하고 있다. 행정의 궁극적인 목적은 바로 국민이 행복감, 만족감을 느끼도록 일하는 데 있기 때문이다.

만약 경찰이 범죄를 단속한 결과 작년도에는 1만 명의 범인을, 올해는 2만 명의 범인을 체포했다고 하자. 정부 입장에서는 1년 사이에 2만 명으로 두 배나 증가했기 때문에 범죄 단속은 성공이라고 평가한다. 그러나 국민의 입장에서는 이것을 사회 상태가 급격히 악화되어 범죄가 더욱 늘었다고 불안해하거나, 경찰이 마구잡이 체포를 하고 있다는 증거로 인식한다면 정부의 범죄 단속정책은 실패한 것으로 평가할 수 있다. 즉 동일한 범죄 단속의 효과를 놓고 관점에 따라 성공 또는 실패의 두 가지 해석이 가능하다.

공직자들은 정책 집행의 결과를 행정기관의 관점에서 파악할 것인가, 아니면 종국적으로 그 정책 집행의 결과로 얼마나 국민이 행복감, 만족감을 느끼느냐의 관점에서 파악할 것인가?

정부의 고관들, 공직자들은 자기의 몸을 바쳐 백성을 위해 일해야 한다는 소명의식을 가지고 일하고 있는가? 아니면 개인의 영리영달을 위해 살다 가면 그만이라고 생각하는가?

돈과 권력이 있어야만 선행을 베풀 수 있는 것은 아니다. 공자는 돈이 없기 때문에 선행을 베풀 수 없다는 생각은 잘못이라고 했다. 돈이 없이도 어진 행위로 많은 사람의 이익을 위해 일하는 것 그 자체가 바로 참된 선, 큰 선을 행하는 것이라고 한다. 그러므로 돈이 없는 공직자라도 참된 선, 큰 선을 행할 수 있는 위치에 있음을 알아야 한다. 문제는 소명의식에 있다는 말이다.

그렇다. 우리가 어떤 결정을 내릴 때에는 그 결정이 얼마나 많은 국민들에게 이익을 줄 것인가에 기준을 둬야 한다. 자신의 만족만 가져오는 것은 선이 아니기 때문이다. 공직자들도 자신의 직무에 속하는 일을 하거나 의사결정을 할 때 정말이지 정성을 다하여 해야 할 것이다. '자신'이 일을 잘하고 있고 '자기'의 결정이 옳은 것이 중요한 것임에 틀림없다. 그러나 그보다 더 중요한 것은 진정으로 '국민'이 함께 행복감, 만족감을 느끼도록 일하는 것이다.

나에게는 늘 애송하는 시가 있다. 우리나라 한시 중 가장 빼어난 것이라 생각한다.

금준미주 천인혈 金樽美酒千人血
금잔의 향기로운 술은 천 사람의 피요
옥반가효 만성고 玉盤佳肴萬姓膏
옥쟁반의 맛좋은 안주는 만백성의 기름이라
촉루낙시 민루락 燭淚落時民淚落
촛불눈물 떨어지는 곳에 백성눈물 떨어지고
가성고처 원성고 歌聲高處怨聲高
노랫소리 높은 곳에 백성들의 원망 소리 높도다

춘향전에서 이몽룡이 변사또 잔치에서 그의 폭정을 풍자하여 읊었던 시다. 불의와 타협하지 않고 오직 백성을 위해 올바른 행정을 해야 한다는 소명의식을 가진 자가 아니면 읊어낼 수 없는 시가 아닌가?

"공적인 일에 사심을 갖고 행하면 이는 곧 사적인 일이 된다."
『근사록』, 주자

내 인생과 직장을 노래 부르자

겨레여 우리에겐 조국이 있다
내 사랑 바칠 곳은 오직 여기뿐
심장의 더운 피가 식을 때까지
즐거이 이 강산을 노래 부르자

노산 이은상 선생의 애국시다. 여기서 '조국'과 '이 강산'은 우리가 바치는 사랑의 대상이다. 내가 바치는 사랑의 대상은 조국도 될 수 있고 내 직장이 될 수도 있으며 내 부모, 내 배우자가 될 수도 있다. '조국'과 '이 강산'을 조국뿐 아니라 내가 사랑을 바쳐야 할 대상으로 대체하면 소명의식은 더욱 명확해 질 것이다.

이 애국시를 내 인생의 시로 바꿔 불러보자.

　　XX여 나에겐 인생이 있다
　　내 사랑 바칠 곳은 오직 여기뿐
　　심장의 더운 피가 식을 때까지
　　즐거이 내 인생을 노래 부르자

　기업가는 직원들에게 자기 직장사랑을 강조하고 싶을 때, 이렇게 바꿔 불러보자.

　　직원들이여 우리에겐 직장이 있다
　　내 사랑 바칠 곳은 오직 여기뿐
　　심장의 더운 피가 식을 때까지
　　즐거이 내 직장을 노래 부르자

숲속의 향연, 오준원

성공의 원리

사이긍정思以肯定**으로**

　홍성에 사시던 고등학교 3학년 때의 담임 선생님은 2000년경 작고하셨다. 매년 연말이면 인생에 있어 새겨두어야 할 한자 명구들을 한지에 손수 붓글씨로 써서 꼭꼭 보내주셨던 분이다. 나의 부탁으로 써주신 글도 있다.

　사이긍정思以肯定 생각은 긍정으로
　행이정성行以精誠 행동은 정성으로

가을철 낙엽 지는 모습을 보고 어떤 사람은 '아! 아름답구나!' 하고 생각하는가 하면, 어떤 사람은 '아! 외로워!'라고 말한다. 생각의 차이다.

『달과 6펜스』의 작가 서머셋 모옴의 무명시절 이야기다. 서머셋 모옴이 책을 출판했는데도 출판사에서는 책이 잘 팔리지 않는다는 이유로 광고를 내지 않았다. 오랜 노력 끝에 써낸 책이 팔릴 기회조차 없어지자 그는 크게 실망하며 괴로워했다. 고민 끝에 그는 자비로 광고를 내야겠다고 결심하고, 궁리 끝에 광고 문구를 만들어 신문사를 찾았다. 다음 날 아침, 다음과 같은 내용의 광고가 실렸다.

"마음 착하고 훌륭한 여성을 찾습니다. 저는 스포츠와 음악을 좋아하고 성격이 온화한 젊은 백만장자입니다. 저는 최근에 나온 서머셋 모옴의 소설 주인공과 꼭 닮은 여성을 찾습니다. 자신이 서머셋 모옴이 쓴 소설의 주인공과 닮았다고 생각되는 분은 즉시 연락 주십시오."

광고가 실린 지 며칠 지나지 않아 서머셋 모옴의 책은 날개 돋친 듯 팔려 나갔고 그는 점차 유명한 작가가 되었다.

이순신 장군. 임진왜란 6년인 1597년, 쌀쌀한 10월 명량해전에서 마지막 남은 배 12척을 갖고, 일본의 배 133척을 상대로 싸웠다. 일본 배는 지원함을 포함하면 333척이었지만, 싸울 배만 치더라도 10배가 넘었다.

이순신 장군은 선조 임금에게 올린 장계에서 "전하! 저에게는 아직도 12척의 배가 남아 있습니다. 죽을 힘을 다하여 막아 싸운다면 오히려 할 수 있는 일입니다."라고 말한다.
명량해전에서 병사들은 "장군님! 이제 12척의 배밖에 남지 않았습니다. 어떻게 12척의 배로 싸운단 말입니까?" 하자, "나에게는 아직도 12척의 배가 남아 있다."라고 말한다.

봉산개도 우수가교 逢山開道 遇水架橋
산을 만나면 길을 내고 물을 만나면 다리를 놓아라

중국의 『삼국지연의』에 나온다. 적벽대전에서 유비에게 패한 조조가 도망을 가던 중 부하들이 길이 좁은 데다 산에 막혀 갈 수 없다고 하자 호통을 치며 한 말이다.

2011년 7월 열린 제3차 미·중경제전략대회 개막 연설에서 당시

미 국무장관이었던 힐러리 클린턴이 인용하여 큰 호응을 얻은 글이기도 하다. 클린턴 장관은 양국은 한배를 타고 강을 건너는 수준을 넘어 봉산개도 우수가교 수준으로 발전시켜야 한다면서 양국 관계에 놓여있는 난관과 애로를 극복할 수 있는 길을 만들고 다리를 놓자고 역설한 것이다.

오랜 옛날부터 긍정적인 생각과 창의적인 생각으로 인생을 살아야 하는 지혜를 깨닫게 해주는 일화가 있다. 한니발Hannibal 장군의 초상화에 얽힌 일화다.

한니발 장군은 나폴레옹보다 거의 2천 년 가까이 앞선 B.C. 217년에 세계 최초로 알프스산맥을 넘어 로마군을 격파한 카르타고의 영웅이다.

한니발 장군은 불행히도 애꾸눈이었다. 애꾸눈이었던 한니발 장군이 화가를 불러 자신의 초상화를 그려달라고 부탁했다. 그 화가는 애꾸눈인 얼굴 모습을 사실 그대로 정성을 다해 그렸다. 그러나 한니발은 애꾸눈인 자화상을 보면서 못마땅해 했다.

이를 눈치챈 신하들이 다른 화가를 불렀다. 이 화가는 애꾸눈이 아닌 정상적인 두 눈을 가진 초상화를 그려 바쳤다. 그것을 본 한니발은 더욱 언짢은 표정을 지었다. 자기의 모습이 아닌 가짜로 꾸며 그린 것이었기 때문이다.

그리하여 세 번째 화가가 불려왔다. 그 화가는 한니발의 애꾸눈이 안 보이고 정상적인 눈만 보이도록 비스듬히 앉히고 옆얼굴을 그렸다. 정상적인 눈이 있는 쪽만 그렸으니 거짓으로 그린 것도 아니었고, 아첨하기 위해 가짜로 꾸며 그린 것도 아니었다. 이번에는 한니발은 흡족한 미소를 지었다. 그리하여 한니발 장군의 초상화는 지금까지도 옆모습이 그려진 그대로 전해 내려오고 있다고 한다.

상대방의 단점을 덮고 장점을 보는 긍정적인 생각으로, 고정관념을 깨는 창의적인 생각으로 인생을 살아야 하는 삶의 지혜를 일깨워주는 일화가 아닐 수 없다.

마치 한니발의 옆모습처럼 상대가 지니고 있는 가장 좋은 모습을 보도록 노력해야 하지 않을까?

난관이 있으면 긍정적인 생각으로 그것을 돌파할 구체적인 방법을 찾아야 하는 것이다. 어떻게 하면 긍정적인 생각을 가질 수 있을까? 사실 답은 간단하다. 운동을 잘하고 악기를 잘 다루려면 많은 훈련과 연습이 필요하듯, 긍정적인 생각을 가지도록 훈련하고 연습하면 된다. 행복해지고 싶다면 행복해지는 연습과 훈련을 하면 되는 것이다. 인간의 뇌는 유연성을 가지고 있기에 긍정적인 생각을 갖도록 훈련하고 연습하면 되는 것이다.

영어 단어 'Impossible'은 불가능이란 뜻을 가진 단어다. 하지만 이 단어를 뜯어보면 'I'm possible.'이 되기도 한다. "나는 가능하다."라는 뜻이 되는 것이다. 이처럼 어떤 관점을 갖느냐가 중요하다.

관점은 사실보다 중요하다.
인생이란 내게 일어나는 일의 10%와
그에 반응하는 내 방식의 90%로 이루어진다.

찰스 스윈돌

긍정적인 생각이란

긍정적이란 말은 모든 것이 잘될 것이라는 생각이다. 미래가 불안하지 않고 내가 노력하면 잘될 것이라고 믿는 것이다. "왠지 모르게 잘될 것 같다.", "우리 관계는 잘될 거야."처럼 만사를 좋게 생각하는 것이다.

하루 종일 좋은 생각만 해보자. 싫어하는 사람도, 보기 싫은 상사도 좋은 점 하나씩은 있는 법이다. 예의 없는 부하직원도 멋진 부분, 매력적인 부분이 있는 법이다. 집에 돌아와서도 '아내도 예전에는 멋있었지!'라고 생각하는 것이다.

긍정적인 점들을 생각하면 남편의 똥배도, 아내의 주름도, 아빠의 못생긴 얼굴도, 아이들의 못된 장난도 귀여워 보인다. 공부도 못하고 속만 썩이는 자녀라도 사실은 그 인간성이 아빠, 엄마보다 나은 경우도 많다. 세상이 달라 보이는 것이다.

그렇다면 긍정적인 생각이란 무엇일까?

우리는 흔히 '걱정 마, 잘될 거야.'라고 생각하는 것을 긍정적인 생각이라고 말해 왔다. '아, 나는 죽지 않을 거야!', '모든 일이 잘될 거야!' 하는 막연한 희망사항을 긍정적인 생각이라고 알고 있는 것이다.

그런데 이런 희망이 진정한 희망인가?

환자의 경우를 두고 생각해 보자. 진정한 희망이란 정보를 바탕으로 하며, '나도 죽을 수 있다.'라는 가능성도 인정할 줄 알아야 생기는 것이 아닐까? '나도 죽을 수 있다.'라는 생각은 포기와는 다른 것이다. 긍정적인 생각은 포기와는 달리 새로운 에너지를 생겨나게 하는 것이기 때문이다. 한만청 박사가 말기 암에도 살아남은 이유는 자신이 가지고 있는 의학 정보를 믿고, 살 수 있다는 긍정적인 생각을 가졌기 때문이다.

보통 환자들은 그런 긍정적인 생각을 갖기 힘들다. 왜냐하면 자신들의 병에 대한 정확한 정보를 가지고 있지 못하기 때문이다. 따라서 의사들은 환자들에게 희망을 갖도록 하기 위해서는 정확한 정보를 제공하여야 한다. 긍정적인 생각은 정확한 정보와 믿음에서 나오는 것이기 때문이다.

이처럼 긍정적인 생각이란 단순한 희망사항이 아니라, 정확한 정보와 믿음에 바탕을 두고 새로운 에너지가 생겨나게 만드는 것을 말한다.

세상을 살아가면서 우리는 하루에도 몇 번씩 수많은 삶의 돌을 만난다. 토마스 카알라일은 말한다. "길을 가다가 돌이 나타나면 약자는 그것을 걸림돌이라고 말하고, 강자는 그것을 디딤돌이라고 말한다." 삶에서 오는 장애를 불평과 원망의 눈으로 보는 것과 그것을 도약의 발판으로 삼는 것과는 큰 차이를 가져오게 된다.

긍정적인 생각을 가지면 면역력도 긍정적으로 바뀌어서 질병 치료나 예방에도 큰 도움이 된다고 한다. 긍정적인 생각을 가지면 뇌도 변화를 일으켜 행복감과 자긍심이 생긴다는 것을 알았다.

세상은 물질적으로 존재하지 않는다. 마음의 학문에서 보았다. 세상은 마음속에 있다. 만약 스스로 '세상이 네모 같다.'고 생각하면 '세상은 네모'인 것이고, '세상은 살 만한 아름다운 곳'이라고 생각하면 '세상은 아름다운 곳'이 된다. 마음은 생각이고 생각은 이미지다. 그리고 그것은 마음속에 있다. 『마음』, p.430

화를 복으로 바꿔치기하면

정조시대의 심노숭沈魯崇·1762~1837은 『자저실기自著實紀』에서 노인의 5형五刑과 5락五樂에 대해 논하고 있다. 노인에게 나타나는 다섯 가지 상태를 놓고 다섯 가지 형벌五刑과 다섯 가지 즐거움五樂으로 각기 달리 해석하는 것이다.

승지承旨 여선덕呂善德이 사람이 늙으면 어쩔 수 없이 다섯 가지 형벌五刑을 받게 된다고 한다.

① 보이는 것이 뚜렷하지 않으니 목형目刑이요,
② 단단한 것을 씹을 힘이 없으니 치형齒刑이며,
③ 다리에 걸어갈 힘이 없으니 각형脚刑이요,
④ 들어도 정확하지 않으니 이형耳刑이요,
⑤ 그리고 여색女色을 보고도 아무 일렁임이 없으니 궁형宮刑 이다.

승지承旨 여선덕呂善德의 이 말을 듣고 심노숭이 반격에 나선다. 이른바 노인의 다섯 가지 즐거움五樂이다.

① 보이는 것이 또렷하지 않으니 눈을 감고 정신을 수양할 수 있고,
② 단단한 것 씹을 힘이 없으니 연한 것을 씹어 위를 편안하게 할 수 있고,
③ 다리에 걸어갈 힘이 없으니 편안히 앉아 힘을 아낄 수 있고,
④ 허튼소리가 들리지 않으니 마음이 절로 고요하고,
⑤ 여색으로 망신을 당할 행동에서 저절로 멀어지니 목숨을 오래 이어갈 수 있다.

모든 것이 마음먹기에 달린 것이 아닐까? 심노숭은 생각을 한 번 돌려 화를 복으로 돌리고 있는 것이다.

대부분의 사람은 자신이 '원하지 않는 것'을 생각하면서 왜 그게 계속해서 나타나는지 의아해 한다. 『시크릿』은 생각이 실체화된다고 했다. 사람들이 원하는 것을 얻지 못하는 이유는 원하는 것보다 원하지 않은 것을 더 많이 생각하기 때문이다. 좋게 생각하면 좋은 쪽으로 반응하고, 나쁘게 생각하면 나쁘게 반응하는 것이다.

생각의 기적을 이룬 사람들

불후의 명작 『대지』를 쓴 펄 벅1892~1973 여사! 여성 최초로 노벨 문학상을 받은 작가, 중국에서 자랐지만 동서양의 벽을 허물고 인류 전체의 복지사회를 꿈꾸었던 평화주의자, 우리나라에도 혼혈아를 위한 재단을 세웠던 인도주의자. 한국의 고아를 포함, 국적이 다른 9명의 고아들을 입양한 그녀에게는 중증의 정신지체아 딸 하나가 있었다. 그 딸이 정신지체아로 일생 동안 자라지 않는 아이로 남을 거라는 진단을 받았을 때의 절망, 그 딸을 낳아 길러본 어머니로서의 끝없는 고통과 체험을 마음속으로 피를 흘리며 쓴 작품이 있다. 『자라지 않는 아이』라는 책이다.

그 책에서 그녀는 말한다.

나는 그 누구에게든 존경과 경의를 표해야 한다는 것을 배웠습니다.
내 딸이 없었다면 나는 분명히 나보다 못한 사람을 얕보는 오만한 태도를 버리지 못했을 것입니다.
그리고 지능만으로는 훌륭한 인간이 될 수 없음도 배웠습니다.

시각과 청각의 중복장애를 극복한 인간 승리의 본보기 헬렌 켈러! 그녀의 작품 중에 『사흘만 볼 수 있다면』이라는 수필이 있다. 『리더스 다이제스트』가 20세기 최고의 수필로 선정한 작품이기도 하다.

이글은 "누구든 젊었을 때 며칠만이라도 시력이나 청력을 잃어버리는 경험을 하는 것은 큰 축복이라고 생각합니다."로 시작한다. 헬렌 켈러는 '단 사흘만이라도 볼 수 있다면'이라는 가정하에 계획표를 짠다.

방금 숲 속을 산책하고 돌아온 친구에게 무엇을 보았느냐고 물었더니 "뭐 특별한 것 못 봤어."라고 답하더라면서 그녀는 반문한다.

보지 못하는 나의 촉감만으로도 나뭇잎 하나하나의 섬세한 균형을 느낄 수 있습니다. 봄이면 혹시 동면에서 깨어나는 자연의 첫 징조, 새순이라도 만져질까 살며시 나뭇가지를 쓰다듬어 봅니다. 아주 재수가 좋으면 한껏 노래하는 새의 행복한 전율을 느끼기도 합니다. 때로는 손으로 느끼는 이 모든 것을 눈으로 볼 수 있으면 하는 갈망에 사로잡힙니다. 촉감으로 그렇게 큰 기쁨을 느낄 수 있는데, 눈으로 보는 이 세상은 얼마나 아름다울까요.

그래서 꼭 사는 동안이라도 볼 수 있다면 무엇이 제일 보고 싶은지 생각해 봅니다. 첫날은 친절과 우정으로 내 삶을 가치 있게 해준 사람들의 얼굴을 보고 싶습니다. 그리고 남이 읽어주는 것을 듣기만 했던, 내게 삶의 가장 깊숙한 수로를 전해준 책들을 보고 싶습니다.

오후에는 오랫동안 숲속을 거닐며 자연의 아름다움에 취해 보겠습니다. 찬란한 노을을 볼 수 있다면, 그날 밤 아마 나는 잠을 자지 못할 겁니다.

둘째 날은 새벽에 일어나 밤이 낮으로 변하는 기적의 시간을 지켜보겠습니다. 그리고 이날 나는……..

휠체어에 의지하며 살아야 했던 영문학자 장영희 교수도 그녀의 『문학의 숲을 거닐다』에서 그녀를 말한다.

입원하고 나흘 만에 통증이 조금 완화되고 나서야 나는 처음으로 다리보조기를 신고 일어섰다. 그리고 창가에 서서 밖을 내다보았다. 문득 내 발바닥이 땅을 딛고 서 있다는 데 생각이 미치자 강한 희열이 느껴졌다. 직립인간으로서 직립으로 서 있을 수 있다는 생각이 얼마나 소중한지, 누워서 보는 하늘이 아니라 서서 보는 하늘은 얼마나 더 화려한지……. 새삼 생각해 보니, 목을 나긋나긋하게 돌리며 내가 보고 싶은 사람을 볼 수 있는 일, 온몸의 뼈가 울리는 지독한 통증 없이 재채기 한번을 시원하게 할 수 있는 일이 얼마나 큰 축복인가를 모르고 살아왔다. 『문학의 숲을 거닐다』, p317

그대는 멘토를 가졌는가

보았는가? 세계를 이끄는 리더를 만드는 힘은 진정한 멘토링에서 비롯되었다.

B.C. 1200년경 그리스의 왕 오디세우스가 트로이 전쟁에 출정하면서 가장 믿을 만한 친구에게 아들 텔라마코스를 맡기고 떠나게 되는데, 그 친구가 바로 그리스신화 오디세이에 등장하는 노인 멘토Mentor이다. 멘토는 오디세우스가 전쟁에서 돌아오기까지 무려 10년 동안 왕자의 친구, 교사, 상담자로서의 역할을 다했으며 때로는 아버지가 되어 넓은 아량과 사랑으로 돌보았다.

오디세우스가 전쟁에서 돌아왔을 때, 아들을 훌륭하게 돌봐준 멘토의 지혜에 크게 감사하게 되었다. 이후 노인의 이름 멘토는 '훌륭한 선생'을 가리키는 말이 되었다. 지혜와 신뢰로 한 사람의 인생을 이끌어주는 지도자, 조언자를 말하게 된 것이다. 멘토에게서 배우는 자는 멘티Mentee라고 부른다.

유태인들에게 가장 존경하는 인물을 꼽으라면 아브라함, 야곱, 요셉, 모세, 에즈라 등을 꼽는다고 한다. 존경하는 성경의 인물을 인생의 멘토로 삼고 꿈을 키우는 것이다. 인생에서 좋은 멘토를 만나는 것은 인생의 꿈을 찾는 것과 마찬가지다. 인생의 가장 큰 축복 중의 하나는 개인적으로 진정 존경할 만한 인물을 만나는 것이다. 자신의 인생의 지표로 삼을 수 있는 멘토를 정해 자신의 삶을 개척하고, 스스로도 가정이나 직장에서 훌륭한 멘토가 되도록 노력하는 삶을 살아야 하지 않을까? 진정한 멘토링에서 세계를 이끈 리더들이 만들어졌다. 나는 과연 누구를 인생의 멘토로 삼고 있는가?

긍정적으로 생각해야 하는 이유

피그말리온의 조각상

그리스 신화에 나오는 키프로스의 왕조각가 피그말리온은 외로움과 여성에 대한 그리움 때문에 결점 없이 완벽하고 아름다운 여인을 조각하여 함께 지내기로 하였다. 그는 그 조각상을 진심으로 사랑하게 된다. 자신의 조각상과 같은 여인을 아내로 맞이할 수 있게 해 달라고 기원했고, 여신 아프로디테로마신화의 비너스는 그의 사랑에 감동하여 조각상에 생명을 불어넣어 사람으로 환생시켜 주었다.

이름하여 피그말리온 효과Pygmalion Effect다. 그리스 신화에 나오는 조각가 피그말리온의 이름에서 유래한 교육심리학 용어이다. 다른 사람의 기대나 관심으로 인하여 능률이 오르거나 그 기대·예측하는 바가 실현되는 경우를 일컫는다.

1968년 하버드대학교 사회심리학과 교수 로젠탈Robert Rosenthal 등은 실험으로 이를 입증하였다. 로젠탈 효과라고도 한다. 교사가 학생에게 성적이 좋아질 것이라는 긍정적인 기대를 갖고 이를 지속적으로 표현하면 학생은 기대에 부응하는 행동을 하면서 실제로 학생의 성적이 향상되는 것이 그 예이다. 관심과 인간적인 존중감이 실린 칭찬과 기대가 효과적이라는 점을 시사한다.

피그말리온 효과는 부모와 자식 간의 관계에서 가장 강력하게 발생한다고 볼 수 있다. 부모가 자식을 어떻게 대하느냐, 그리고 얼마나 믿고 자율성을 부여하는가가 자식의 가능성을 실현하는 데 막대한 영향을 미친다는 점을 유의할 필요가 있다.

자신의 심리상태가 긍정적인지 부정적인지에 따라 그 결과는 크게 달라진다는 것을 알았다. 우리는 자식이나 주변 사람들에게 어떻게 대하고 있는가?

평강공주의 한마디

고구려 평강왕559~590의 어린 외동딸은 심한 울보였다. 평강왕은 공주가 울 때마다 바보 온달에게나 시집가야 마땅하겠다며 놀려댔다. 평강공주 16세 때 평강왕이 상부 고 씨에게 시집보내려 하자 "대왕께서는 늘 너는 반드시 온달의 아내가 될 것이라 말씀하셨는데, 무슨 까닭으로 이제 와서 그 말씀을 바꾸십니까?" 하고 대꾸하였다. 그러자 평강왕은 평강공주를 궁에서 내쫓아버렸다. 궁에서 쫓겨나온 공주는 온달을 찾아 나선다.

노력 끝에 온달의 늙은 어머니와 온달의 승낙을 얻어 결혼한 공주는 바보 온달을 성공시키기 위해 교육을 시작하였다. 공주는 온달에게 병든 국마를 사오도록 한 후 이를 훈련시켜 명마로 만들고 온달에게 말한다. "온달 님은 힘 좋고 성실하니까 노력하면 틀림없이 훌륭한 장군이 될 수 있을 거예요."

평강공주의 이 한 마디에 바보 온달은 말 잘 타고 사냥 잘하는 장군이 되었다. 평강왕이 죽고 큰아들 영양왕이 즉위하자 온달은 신라에게 빼앗긴 한강 이북의 땅을 되찾아 오지 못하면 돌아오지 않겠다고 맹세하고 출정한다. 그리고는 아차산당시 아단성 전투에서 싸우다 적의 화살에 맞아 죽는다.

나의 선생님

앙드레 김본명 김봉남, 1935~2010은 초등학교 시절 자신의 그림 솜씨는 형편없다고 생각하였다. 미술 숙제가 주어진 날, 그는 다른 애들처럼 그림을 잘 그리지 못한다는 생각에 걱정이 컸다. 선생님의 눈치를 살피며 의기소침해 있던 그에게 선생님은 뜻밖에도, 다른 애들과는 다르게 개성적이고 창의적인 그림을 그렸다며 극찬하는 것이 아닌가? 그 뜻밖의 칭찬에 그는 예술가가 되겠다는 꿈을 키웠다고 한다. 그리고 결국 한국이 낳은 세계적인 패션 디자이너가 되었던 것이다.

지능 분야에서 세계적 권위를 인정받고 있는 『성공지능』의 저자 로버트 스턴버그 박사의 이야기도 있다.

"어떤 교사도 저능아로 낙인 찍힌 나에게 관심을 기울이지 않았다. 그러나 4학년 때 대학을 갓 졸업하고 담임으로 부임하신 알렉사 선생님은 달랐다. '넌 잘할 수 있다.'고 말하면서 다른 선생님보다 더 많은 것을 기대했다. 나는 선생님을 기쁘게 해 주고 싶었다. 선생님이 기대한 것 이상으로 노력해서 난생 처음 전 과목 A 학점을 받았다."

어머니의 믿음

프로이트는 그의 저서 『꿈의 해석』에서 자신이 위대한 사람이 되려고 노력했던 것은 "너는 장차 위대한 인물이 될 것이야."라는 어머니의 믿음 때문이었다고 말했다.

천재적인 발명가 에디슨이 초등학교 때 저능아로 취급받고 퇴학을 당했다는 것은 유명한 이야기이다. 학교에서 쫓겨난 아들을 어머니는 오히려 격려해 주었다.

"실망하지 마라. 너는 상상력도 풍부하고 호기심도 많은 아이란다. 넌 마음만 먹으면 무엇이든 할 수 있어. 나는 네가 꼭 훌륭한 사람이 되리라고 믿는다."

그때 어머니가 "너는 왜 만날 그 모양이냐?"라고 꾸중을 했다면 위대한 발명가 에디슨이 존재할 수 있었을까?

인간 활동의 근원으로 몸 안에 간직하고 있는 힘을 에너지라고 한다면 사람이 하는 말도 일종의 에너지라고 할 수 있다. 에너지는 소멸되지 않고 보존된다는 에너지 보존법칙이 있다. 그러므로 머릿속의 생각이 입 밖 소리로 나오면 이 법칙에 따라 시간이 가도 소멸되지 않고 우주 어디엔가 보존되어 있는 것이다. 무심코 한 말이 다른 사람의 마음을 아프게 할 수도, 희망과 용기를 줄 수도 있는 것이다.

실제로 성공한 사람들을 만나 보면 하나같이 긍정적이고 적극적인 말, 상대방에게 희망을 주고 격려하는 말을 한다. 반대로 실패한 사람들은 질책하고 원망하는 말, 포기하고 핑계 대는 말을 많이 한다. 2009. 7. 13. 중앙일보.

스티그마가 나쁜 사람을 만든다

바보라고 놀림받고 바보취급을 받게 되면 진짜 바보가 되는 경우가 있다. '너는 그런 놈'이라 낙인을 찍으면 정말 그렇게 되는 경우도 있다. 시장의 신뢰를 잃은 기업이 추후 어떤 발표를 해도 시장은 그 기업을 믿지 못하는 경우도 마찬가지다.

이른바 스티그마 효과 Stigma Effect ; 낙인 효과다.
피그말리온 효과와는 반대로, 좋지 않은 과거경력이 현재의 인물 평가에 영향을 미치고, 나쁜 사람이라고 부정적인 낙인이 찍히면 무의식적으로 그러한 행동을 한다는 것을 말한다.

사회적 규범이나 제도에 의해 일탈자로 낙인을 찍으면 결국 그 사람은 범죄자가 되고 만다는 범죄학, 심리학의 낙인 이론 Labeling Theory에서 유래된 것이다. 어떤 범죄가 발생하면 가장 먼저 과거 전력이 있었던 전과자의 기록부터 조회하는 경우도 따지고 보면 현대판 스티그마다.

우리는 흔히 어떤 사람을 놓고 "그 사람 형편없는 사람이야!"라고 이야기하는 경우를 본다. 어떤 사람은 "그 사람 알고 보니 괜찮은 사람이네!" 한다.

까닭 없이 어떤 사람에게 '형편없는 사람'이라는 딱지를 붙여 버리면 그 사람은 정말 형편없는 사람이 되고 마는 것이다. 동일한 사람을 놓고 형편없는 사람으로 만들기도 하고, 괜찮은 사람으로 만들기도 한다. 나와의 관계에 따라 다르게 보기 때문이다. 따라서 다르게 보면서 낙인을 찍는 것을 조심해야 한다.

우리는 스티그마로 나쁜 사람을 만들며 살 것인가? 피그말리온의 조각 작품을 만들며 살아갈 것인가?

플라시보와 노시보

어린 시절 내가 배가 아프다고 하면 어머니는 "엄마 손은 약손." 하며 배를 문질러 주었다. 그러면 나는 정말 나은 것처럼 느꼈다. 의약계에서 이러한 엄마손 효과를 설명하는 이론이 플라시보 효과 Placebo Effect ; 위약(僞藥) 효과이다. 위약 효과는 특히 심리적 상황이 포함되는 병일 경우 효력을 발휘한다고 한다. 가벼운 우울증, 불안, 불면증 등이 위약 효과가 큰 병들이라는 것이다. 실제로 병원에서 새로 개발된 신약인데 효과가 좋은 진통제라고 말하고는 진통제 대신 비타민 C 주사를 했는데 효과를 보았다는 증언이 그 예이다. 『마음』. p.90~91

이처럼 의학적으로 증명되지 않은 약을 먹이고, 그 약을 먹으면 병이 치료될 것이라는 믿음을 주면 병이 실제로 치료되는 경우가 플라시보이다. 밀가루로 만든 알약으로 약효를 보는 것처럼, 가짜 약을 진짜 약으로 속이고 먹게 했을 경우 환자의 믿음으로 병이 낫게 되는 효과를 보는 것이다.

최근 뇌 영상학이 발달하면서 위약을 복용한 후 뇌를 관찰한 결과, 진짜 약을 복용했을 때와 같은 변화가 관찰되었다고 한다. 이것은 우리의 마음이 믿는 대로 몸이 반응한다는 것을 의미한다. 좋게 생각하면 좋게 이루어진다는 것을 말한다.

자기 자신이 얼마나 건강하다고 생각하느냐와 실제 건강 사이에는 상관관계가 있다는 사실도 밝혀낸 학자가 있다. 미국 러커스 대학교의 사회학자 엘렌 아이들러 교수다. 자신의 건강이 최상의 상태라고 믿는 사람은 건강이 좋지 못하다고 생각한 사람보다 4~7년 오래 산다는 것이다.

희망은 가장 강력한 플라시보 중의 하나다. 그렇게 될 것이라고 믿으면 그렇게 된다. 그렇게 될 것이라고 믿는 것이 바로 희망이다. 『마음』, p.106

『시크릿』에서도 좋은 생각을 하면 좋은 일이, 나쁜 생각을 하면 그에 상응하는 나쁜 일이 끌려온다고 설파하고 있다.

플라시보 효과가 있다면 그와 반대되는 것은 없을까? 있다. 노시보 효과Nocebo Effect다.

노시보Nocebo는 의학에서 환자에게 실제로는 무해하지만 해롭다는 믿음 때문에 해로운 영향을 끼치는 물질을 말한다. 이는 플라시보 효과와는 반대로, 실제로 좋은 약도 효과가 없다고 믿게 되면 약효를 보지 못하는 현상을 말한다. 진짜 약을 줘도 본인이 믿지 않으면 효과가 없는 현상이다. 따라서 환자가 부정적인 생각을 갖고 있다면 아무리 명의라 하더라도 그 환자를 고칠 수 없을 것이며, 환자 자신의 긍정적인 생각이 중요하다 하겠다.

사람들은 목사, 의사, 점쟁이와 같은 직업 앞에서 꼼짝을 못한다. 건강한 할머니에게 의사가 "죄송한 말씀이지만 할머니는 이 달을 넘기기가 힘들겠는데요."라고 하면 정말 할머니는 한 달 내내 마음 졸이며 산다.

목사가 "— 을 조심하셔야 합니다." 하면 정말 조심하게 된다. 조심하지 않으면 하느님의 뜻을 어기는 것이 되기 때문이다.

점쟁이가 "당신 남편 북서쪽에 여자 있어." 하면서 20만 원짜리 부적을 쓰면 괜찮을 것이라고 말하면 부적을 안 쓸 부인이 몇 명이나 될까? 부적을 사지 않고 집으로 돌아 왔는데 집에서 남편이 "나 오늘 의정부에 갔다 왔어." 하면 부인은 "응? 의정부, 거기 북서쪽 아니야?" 하면서 속으로 가슴이 무너져 내린다. "아! 점쟁이 말이 맞구나!" 그 다음부터는 왜 의정부에 갔다 왔는지 이유를 말해도 믿지 못한다. 무조건 점쟁이 말을 믿는 것이다. 다음날 거금 20만 원을 갖다 주고 부적을 가져와 남편 넥타이 속에 하나, 베개 속에 하나를 집어넣어야 속이 편하다. 이것이 노시보다. 점집에는 가지 않는 것이 좋다. 왜냐하면 점쟁이들은 상대방의 약점을 너무나 잘 알고 있기 때문이다. 『마음』, p.100

샐리와 머피

우연히도 자신에게 유리한 일만 계속 일어나는 경우를 볼 수 있다. 〈해리가 샐리를 만났을 때〉라는 영화가 있다. 여자 주인공 샐리가 엎어지고 넘어지는 우여곡절 끝에 결국 해피엔드로 이끌어 가는 모습을 생각해 보자. 이를 샐리의 법칙 Sally's Law이라 부른다.

경험한 적이 있을 것이다. 벼락치기로 공부한 부분에서 시험문제가 나와 시험을 잘 치룬 경우, 약속시간에 조금 늦어 걱정했는데 상대방은 자신보다 더 늦게 도착하는 경우, 건널목에 도착하자마자 신호등이 파란불로 바뀐 경우, 주차장이 만차라서 주차 걱정을 생각했는데 주차장에 들어서자마자 다른 차가 빠져나가 기분 좋게 주차한 경우 등이 그 예이다.

반대로 일이 풀리지 않고 갈수록 꼬이기만 하는 경우에 쓰는 용어도 있다. 머피의 법칙 Merphy's Law 이다.

열심히 시험공부를 했지만 운 나쁘게도 자신이 공부하지 않은 곳에서 시험문제가 출제되어 시험을 망친 경우, 매일 버스를 타고 출근하다가 그날따라 빨리 가려고 택시를 탔더니 도로가 더 막혀 지각한 경우, 정체된 도로에서 내가 타고 가는 차선이 막혀 더 잘 뚫리는 옆 차선으로 차선을 변경했더니 변경차선이 더 막히는 경우 등이 그 예이다.

우리는 샐리를 믿고 살 것인가? 머피를 믿고 살 것인가?
샐리를 믿어보자. 샐리하고 친해지자.

먼저 자신을 사랑하라

기억하는가? 『오체불만족』의 주인공 오토다케! 팔다리가 없지만 장애는 단순한 신체적 특징에 불과하다고 생각하는 사람! 자신이 세상에 태어난 것은 팔다리가 없는 자신만이 할 수 있는 그 무엇이 있기 때문이라고 말하는 사람!

또 기억하는가? 영국의 스티븐 호킹 박사!
걷지도 말하지도 쓰지도 못하는 루게릭병에 시달리면서도, 휠체어에 의지하는 몸이면서도 블랙홀의 연구 등에 뛰어난 업적을 남기고 있는 세계적인 천체물리학자!

또 기억하는가? 한국의 스티븐 호킹, 서울대 지구환경과학부 이상묵 교수!
2006년 7월, 미국에서 지질 탐사 중 자동차 전복사고로 팔다리를 움직일 수도 대소변을 볼 수도 없는 상태가 되어 휠체어에 갇혀 살면서도, 2007년 강단에 복귀한 사람! 입으로 작동하는 마우스, 음성을 문자로 바꿔주는 음성인식 프로그램을 통해 강의하고 논문을 쓰는 교수!

그는 다친 뒤에도 "나의 삶은 조금도 좁아지지 않았다."라고 말한다. 자신의 삶은 버린 삶이 아니라 다시 찾은 삶이며, 긍정은 나의 힘이라고 말한다. 자신에 대한 긍정적인 생각이 행동을 바꾸는 것이다.

이들은 자기를 존중하고 사랑하는 사람들이다. 자기도취Narcissism나 자기연민에 빠져 있는 사람이 아니다.

우리는 어떻게 하면 사람들이 자신을 좋아하게 만들 수 있을까를 고민할 때가 많다. 하지만 사람들에게 사랑받고 싶다면 먼저 자긍심을 갖는 법을 배워야 한다.

자긍심 自矜心 이란 자신에 대한 긍정적 평가를 말한다. 따라서 자긍심을 가지면 자기 일에 노력을 하게 된다. 자긍심을 가지면 희망과 용기를 갖게 된다. 스스로 존경하면 다른 사람도 그대를 존경할 것이니라. 공자

자신의 능력을 감추지 마라. 그늘 속의 해시계가 무슨 소용 있으랴. 벤자민 프랭클린

자신을 믿어라. 자신의 능력을 신뢰하라.

겸손하지만 합리적인 자신감 없이는 성공할 수도 행복할 수도 없다. 노먼 빈센트 필

『맹자』「이루편 離婁篇」에 보면 스스로가 자신을 망치는 것을 경고하고 있다.

부인필자모연후인모지 夫人必自侮然後人侮之
가필자훼연후인훼지 家必自毁然後人毁之
사람이 스스로 자신을 업신여기면 반드시 남이 나를 업신여기고 집안을 스스로 훼손하면 반드시 남이 그 집을 훼손한다.

자기 자신을 싸구려 취급하는 사람은 타인에게도 역시 싸구려 취급을 받을 것이다. 윌리엄 헤즐릿

자기 불만이나 자기 비하가 많은 사람을 다른 사람들이 좋아할 이유가 없다. 따라서 다른 사람들이 마음에 들지 않는 태도를 보인다면, 먼저 자기가 자신을 어떻게 대하고 있는지를 생각해 봐야 한다.

자기 불신은 우리들이 실패하는 대부분의 원인이다. 어니스트 헤밍웨이

내가 내 자신과 사랑에 빠지고 나서야, 나의 커피색 피부, 두툼한 입술, 커다란 엉덩이, 곱슬곱슬한 검정머리를 사랑하게 되고, 세상도 나와 사랑에 빠진다는 걸 알 수 있게 되었다. 『시크릿』, p.147

관점을 바꾸어 자신의 온갖 긍정적인 면을 생각하는 것이 좋지 않을까?

걱정 다스리기

부정적인 생각과 스트레스는 신체와 뇌 기능을 심각하게 떨어뜨린다는 점이 밝혀졌다. 우리 몸을 계속해서 만들고 다시 구성하고 재창조하는 것은 바로 우리의 생각이기 때문이다. 『시크릿』, p.161

만일 우리들에게 "자, 여러분, 호랑이를 제외한 다른 동물을 생각해 보세요. 절대로 호랑이는 생각하시면 안 됩니다."라고 한

다면, 우리들은 호랑이를 생각하지 않으려 해도 계속해서 호랑이가 생각날 것이다. 우리의 뇌는 '하지 마라.'는 말은 잊어버리고 계속해서 호랑이만 떠오르게 할 것이다.

자녀에게 "애야, 넌 절대 사탕을 먹으면 안 돼. 이가 썩고 몸에도 안 좋아. 알았지? 절대 설탕은 먹지 마."라고 말하면 그 아이의 뇌는 사탕을 먹지 않으려고 해도 자꾸 사탕이 떠오르게 되어 있다. 우리의 뇌는 부정을 강조하게끔 구조화되어 있다. 따라서 뇌를 활용하려면 '— 을 하지 마라.' 대신 '— 을 하는 것이 어떻겠니?' 등처럼 부정을 빼고 제시하는 것이 훨씬 효과적이다. "사탕을 먹지 마라."가 아니고 "과일을 먹는 것이 좋을 것 같아. 과일은 이러한 점이 좋으니까 말이야." 하고 말하는 것이다.

'무엇을 하지 마라.'라고 하면서 '하지 말 것'의 대상을 언급하지 마라. 이것은 남에게뿐만 아니라 스스로에게 하는 다짐이기도 하기 때문이다. 『마음』, p.426

정신의학적 면에서 현실적인 걱정은 건강에 도움이 되기도 한다고 주장하는 학자도 있다. 걱정, 즉 부정적인 생각 자체는 우리에게 위험을 알려주는 신호라는 것이다. 문제는 걱정에 지나치게 사로잡히는 데 있다. 걱정은 크게 두 가지 형태로 나타난다.

하나는 과거에 대한 후회고, 또 하나는 미래에 대한 비관적인 걱정이다. 따라서 걱정에 사로잡히면 현재가 없어지게 된다. 우리가 실제 가치와 행복을 느끼는 것은 현재인데 현재가 없어지니 우리의 삶에 문제가 생기지 않겠는가? 걱정을 지나치게 붙들어 매서는 안 된다는 것이다.

부정적인 생각과 걱정을 어떻게 다스려야 할까? 크게 두 가지 방법이 있다. 하나는 부정적인 생각을 의지로 대항하면서 걱정과 싸우는 방법이다. 그리고 다른 하나는 '걱정하는 것이 정상이다.'라는 생각으로 걱정을 인정하고 걱정과 더불어 지혜롭게 살아가는 것이다. 내 주위의 암에 걸린 사람의 대처방법을 보면 쉽게 이해할 수 있다. 암과 싸워가면서 사는 사람과 암을 인정하고 암과 더불어 살아가는 사람이 그것이다.

의지로 찍어 누르는 방법은 최근 많은 자기계발서들이 걱정과 싸워 걱정을 없애도록 강조하고 있는 데서 찾아볼 수 있다. 일시적 효과는 있을지 모르나 찍어 누를수록 걱정은 더 커질 수 있다고 한다. 통상 의지력이 강한 사람이 걱정을 적게 하는 것으로 생각하지만 반대인 경우가 더 많다고 한다.

따라서 '걱정하는 것은 정상이다.'라고 생각하고 걱정이 뇌에서 자유롭게 돌아다니도록 인지해제시키는 방법도 효과적일 수 있다는 것이다. 서울대병원 신경정신과 윤대현 교수는 인지해제의 한 방법으로 '생각아, 고맙다.'를 제시하고 있다. 즉 걱정을 그 자체로 인정하되 그것을 처리하는 데 있어서는 내가 주체가 되어 긍정적인 생각으로 승화시키는 것이다.

'오늘 암에 대한 걱정이 많이 드네. 생각아, 고맙다. 생활 습관도 좋게 바꾸고 정기적으로 건강검진도 할게. 너무 신경 쓰지 마. 그리고 난 오늘 내게 주어진 시간을 가치 있게 보낼 거야. 내가 살고 있는 삶은 바로 이 순간의 현실이니까!'라고 되뇌는 것이다.

우리 사회는 무언가에 맞서 싸우기를 좋아한다. 암에 맞서 싸우고, 가난에 맞서 싸우고, 테러리즘에 맞서 싸우고, 폭력에 맞서 싸우려 한다. 무엇이든 원하지 않은 것에 맞서 싸우려 하지만, 사실 그러면 상황은 더 나빠지기만 할 뿐이다. 『시크릿』, p.169

사람들은 어떤 것을 없애버리고 싶으면 거기에 집중해야 한다고 믿는다. 싸움이나 고통에 정말로 화를 내면, 거기에 에너지만 더해주는 셈이 된다. 어떤 문제에 온 에너지를 쏟는 것과 신뢰와 사랑에 집중하면서 풍요롭고 평화롭게 살고 배우려는 태도 중 어떤 것이 더 합리적인가?

에이브러햄 링컨의 참모들이 링컨이 적에게 너무 친절히 대하는 것을 이해할 수 없다고 말하자 링컨이 대답했다.

"사랑하는 친구여, 내가 그들을 친구로 만들었을 때, 바로 그때가 그들을 이기는 거라네."

테레사 수녀는 말했다.

"나는 반전 집회에 결코 참여하지 않을 것입니다. 평화집회를 한다면 초대해 주세요."

당신이 전쟁에 반대한다면, 평화에 찬성하는 쪽으로 바꿔라. 특정 정치가에 반대한다면, 그 정치가의 적에게 찬성하는 쪽으로 바꿔라. 『시크릿』, p.171

장엄, 오준원

생존의 원리

역지사지와 아전인수

나무에 대한 시를 쓰려면 먼저
눈을 감고 나무가 되어야지
너의 전 생애가 나무처럼 흔들려야지

류시화 시인이 쓴 〈나무의 시〉의 앞부분이다. 나와 대상을 하나로 일체화하는 시 작법의 핵심을 효과적으로 요약해 놓은 글귀라 할 수 있다.

많은 예술 장르가 마음 읽는 방법을 공부하고 연구한다. 다른 사람을 이해하기 위해 입장을 바꿔보기도 한다. 이른바 역지사지 易地思之다.

'나' 중심의 관점에 익숙해져 있는 우리는 사물이나 자연을 바라볼 때도 아주 당연히 나 중심의 관점을 활용한다. 역지사지에서 관점의 주체가 나인 것이다. 내가 그렇게 해보는 것이지 그 사람이 돼보지는 않는다. 꽃을 그리는 화가가 꽃이 돼보지는 않는다. 가구를 만드는 디자이너가 스스로 책상이나 책꽂이가 돼보지도 않는다.

반면에 상당수 시인은 시를 쓸 때 쓰고자 하는 사물이나 자연이 먼저 돼본다. 이른바 나와 대상과의 '일체화'다. 예를 들어 담쟁이덩굴에 대한 시를 쓰고자 한다면 시인은 직접 담쟁이덩굴이 돼본다. 즉 담쟁이덩굴의 '마음'을 읽기 위해 노력한다.

역지사지해야 한다. 상대방의 입장에서 '그럴 수도 있지.' 하고 생각하라. 역지사지는, 『맹자』에 나오는 '역지즉개연易地則皆然'이라는 표현에서 비롯된 말이라고 한다. 공자는 원만한 인간관계의 황금률로 역지사지를 들었다.

중국 고대 하夏나라의 우임금夏禹과 후직后稷은 태평한 세상에 살면서도 자신은 청빈의 도를 잃지 않았고, 공자의 제자인 안회顔回는 가난하게 살면서도 안빈낙도의 도를 잃지 않아, 공자가 그를 어질게 여겼다고 맹자는 말하였다. 맹자는, 안회도 태평성대에 살았다면 하우나 후직처럼 행동했을 것이며, 하우와 후직도 난세에 살았다면 안회처럼 행동했을 것이라며 서로의 처지가 바뀌었더라도 모두 그러했을 것이라고 말하였던 것이다.

역지사지는 소통의 첩경이기도 하다. 창조는 융합과 통섭에서 나온다 하지 않는가?

아전인수我田引水라는 말이 있다. 자기 밭에 물을 댄다는 뜻으로, 무슨 일이든 자기에게 이롭게 생각하거나 행동하는 것을 말한다. 역지사지와 대조적인 의미이다. 우리는 역지사지할 것인가? 아전인수할 것인가?

다른 것은 틀린 것인가

이 세상에 같은 것은 하나도 없다. 자기도 하나밖에 없다. 내가 남과 다른 것처럼 남도 나와 다르다는 것을 인정해야 한다. 서로 다른 생각을 하는 것은 당연한 이치다.

그런데 우리는 다른 것을 틀린 것이라고 생각한다. 나의 생각이 옳고 남의 생각은 틀리다고 우긴다. 자기 기준으로 보기 때문이다.

인간관계에서는 부부간, 노사간, 빈부간, 세대간, 인종간, 종교간 갈등 등의 수많은 갈등이 존재한다. 이러한 갈등의 대부분은 '다른 것=틀린 것'이라는 생각에서 비롯된다. 자신과 다른 의견을 틀린 것으로 몰아붙이고 그것을 자신에 대한 도전이나 비난으로 여기기 때문이다.

같은 사물도 사람에 따라 다르게 인식하게 된다. 각자의 경험과 욕구가 다르기 때문이다. 그러한 인식의 차이를 깨닫지 못하고 이를 틀린 것이라고 생각하는 것은 잘못이다.

『장자』의 제물론에 보면 '이것'과 '저것'에 대해 설명하는 부분이 나온다.

"사물은 모두 '저것' 아닌 것이 없고, 동시에 모두 '이것' 아닌 것이 없다. 그래서 저것은 이것에서 나오고 이것은 저것 때문에 생긴다."

　내 앞에 있는 책상도 이쪽에서 보면 이것이지만, 저쪽에 앉은 사람이 보면 저것이다. 된다가 있으면 안 된다가 있고, 안 된다가 있으면 된다가 있다.
　이처럼 세상일은 모두 상대적이므로 이분법적인 사고방식에서 나오는 편견을 버리라는 것이다. 이것과 저것의 대립을 없애버려야 한다는 것이다.

　한편『장자』에서는 '논쟁이 되지 않음'에 대해 이야기하고 있다. 그 내용은 이렇다.

　나와 자네가 논쟁을 한다고 하세. 내가 자네를 이기지 못했다면, 자네는 정말 옳고 나는 정말 그른 것인가? 내가 자네를 이겼다면, 나는 정말 옳고 자네는 정말 그른 것인가? 한쪽이 옳으면 다른 한쪽은 반드시 그른 것인가? 두 쪽이 다 옳거나 두 쪽이 다 그른 경우는 없는가? 자네도 나도 알 수가 없으니 누가 이를 판단하면 좋겠는가?

마사이족은 반가우면 침을 뱉는 인사법이 있다고 한다. 한국의 인사법과는 사뭇 다른 것이다.

같은 산을 놓고도 누구는 좋은 산이라 말하고, 누구는 나쁜 산이라고 말한다. 그 사물은 가만히 있는데 내가 임의로 좋다, 나쁘다라고 딱지를 붙이는 것이다.

나는 다큐멘터리를 좋아하고, 아내는 드라마를 좋아한다. 요즈음은 성형 전성시대. 누구는 성형을 좋다고 하고, 누구는 성형을 나쁘다고 한다. 서로 다른 선택을 한 것이지만 서로 차이가 있을 뿐, 아무도 틀린 것이 아니다. 서로의 취향이 다르고 관점이 다를 뿐이다.

"다 너를 생각해서 하는 말이야!", "내가 틀린 말 했어?"라는 말 대신, 다름의 차이를 인정하고 입장 바꿔 생각할 줄 아는 사람은 다른 사람의 공감을 얻어낼 수 있을 것이다.

영어의 공감Empathy이란 단어는 안in이라는 의미의 접두사 'em'과 느낌Feeling이라는 의미의 'Pathos'가 결합되어 그 사람의 느낌 속으로 들어간다는 의미를 갖고 있다.

세상의 많은 다툼을 줄이기 위해서는 무엇보다 먼저 사람들은 서로 다르다는 사실을 인정해야 한다. 그리고 '다른 것=틀린 것'이라는 인식을 버려야 한다. 차이를 인정하고 입장 바꿔 생각하면 갈등과 대립이 사라지고 이해가 싹튼다. 산수에서 '5-3=?'이라는 문제에 답을 쓰라는 퀴즈를 보았다. 답은? 물론 2이다. 오해5하고 있는 문제라도 서로간의 갈등3을 없애면- 이해2가 싹튼다는 것이다. 사람들은 옳은 말하는 사람보다 자신을 이해해 주는 사람을 더 좋아하는 법이다.

　중국의 삼국시대220~280는 위魏 오吳, 촉蜀 삼국의 쟁패시대였다. 위魏의 조조는 사람을 능력 위주로 평가·중용했으며 사마중달을 휘하에 두었다. 촉蜀의 유비는 다른 사람에 대한 배려와 인품 즉 사람 됨됨이를 중시 여겨 사람을 등용했으며 관우, 장비, 제갈공명 등을 중용하였다. 인생에 있어서는 실력·젊음도 중요하지만, 인품·연륜도 중요하고 값지다는 것을 인정할 줄 알아야 한다.

기업의 생존 부등식

　사람들이 잘못 알고 있는 거짓이 있다.

"세상 모두가 잘살 수는 없어. 자원이나 물질에는 한계가 있어서 다 잘산다는 건 불가능해." 이 거짓 때문에 사람들은 두려워하면서 탐욕스럽고 인색하게 살아간다. 사실 이런 생각은 만물이 외부에서 생겨난다고 보기 때문이다.

그러나 생각해 보자. 모두가 잘살 수 있다. 창조적 아이디어는 충분하고도 넘친다. 힘도 충분하다. 기쁨도 사랑도 넘친다. 왜냐하면 이 모든 것은 마음이 무한하다는 점을 인식하는 데서 비롯된다. 그 모든 것도 외부에서 스스로 생겨나지 않고 모두 내면의 생각과 마음에서 비롯되는 것이기 때문이다. 생각하는 힘이 무한하듯, 생각으로 창조하는 힘도 무한하다. 『시크릿』, p.176~177

우리는 경쟁의식에 사로잡혀 있다. 경쟁의식은 자원이나 상품이 모두가 누릴 만큼 충분하지 않기에 서로 경쟁하고 다퉈야 한다고 믿는 것이다. 그러한 생각은 산업사회에서는 통했다. 그러나 우리는 지금 상상력의 시대, 지식정보사회에 살고 있지 아니한가? 상상력, 지식 정보, 아이디어는 무한하지 아니한가? 그렇다면 우리의 관점도 바뀌어야 할 것이다. 한정적인 자원이나 상품을 놓고 다투는 경쟁논리를 내던지고 무한한 가치 창조력을 발휘하는 발상의 전환이 있어야 하지 않을까? 그것이 아이디어와 상상력의 시대, 지식정보사회를 살아가는 우리의 현명한 지혜다.

아이디어와 상상력, 지식정보를 가지고 무엇을 창조하는 것인가? 가치價値를 창조하는 것이다. 즉 창조적인 생각이란 한마디로 가치를 창조하는 생각을 말한다.

C비용 < P가격 < V_1화폐가치 < V_2감정가치

이것은 개인이나 기업이나 사회의 생존을 위해 이해해야 하는 생존부등식이다. 고객이 돈을 내고 살 만하다고 믿는 무엇을 가치Value라고 정의해보자. 상품이나 서비스를 생산하는 비용 이상의 가격으로 팔 수 있어야 사업을 계속할 수 있다. 고객은 상품이나 서비스의 책정된 가격보다 자신이 생각하는 가치가 더 크다고 여길 때 그것을 사게 된다.

산업사회에서는 원가Cost보다 높은 가격Price으로 상품이나 용역을 팔면 그 차이만큼 이익이 남는다고 보았다. 즉 (P-C)의 차이가 바로 생산성으로 인식되었다. 따라서 원가를 절감하거나 경쟁사보다 더 나은 제품을 만드는 차별화를 통해서 생산성을 높이는 것이 경영전략상 중시되었다.

V_1은 화폐가치VFM ; Value for Money를 의미하는데 이 V_1과 가격P

의 차이가 바로 창조된 가치 즉 부가가치를 나타내는 것이다. 따라서 (V_1-P)는 가치창조능력으로서 창조성, 혁신성을 의미한다.

V_2는 감동가치VFE ; Value for Emotion 또는 상상가치를 의미한다. 덴마크 미래학 연구소는, 21세기 이후 지식정보사회는 빠르게 상상력의 시대로 변화하고 있으며, 따라서 화폐가치V_1를 넘어 그 이상의 감동가치V_2를 창출하는 능력이 생존의 필수요소임을 강조하고 있다. (V_2-V_1)은 바로 고객에게 감동을 가져다주는 능력을 말하는 것으로, 창의적 아이디어를 의미하는 것이다.

종합하여 보면, 종래의 산업사회에서는 생산성 추구를 중시하였고 따라서 경영관리상 원가절감능력이 강조되었다. 그리고 21세기 지식정보사회에서는 창조성, 혁신성을 추구하고자 노력하였고 따라서 경영관리에 있어서는 가치창조능력이 강조되었다. 한편 오늘날의 상상력 사회에 들어와서는 상상력이 추구하고자 하는 핵심가치가 되었으며 따라서 창의적 아이디어가 생존의 필수요소가 된 것이다.

우리 기업의 생존을 위해서는 어떻게 해야 할 것인가? 우리 기업의 소명의식은 무엇인가?

장자와 기업가의 업業

『장자』에 보면 혜자와 장자의 '쓸모없는 나무'에 대한 논쟁이 나온다.

혜자는 모든 사물은 그 자체의 쓸모를 본질적으로 타고 났다는 이른바 '본질론적 견해'를 말한다. '나무는 베어서 재목으로 쓴다.'는 생각이 그것이다. 이러한 생각에 따르면 "박은 본질적으로 반드시 물을 담는데 쓰는 것"이란 고정관념으로 박을 본다. 이렇게 자기가 이미 설정한 '쓸모'라는 관념으로 박을 보면 박을 '물에 띄울' 생각을 하지 못한다.

이에 반해 장자는, 우리 머릿속에 이미 형성된 '쓸모'로 사물을 보는 것이 아니라, 사물 자체에서 쓸모를 찾아내야 한다는 것이다. 이른바 '비본질론적 견해'인 것이다. 사물의 유용성을 여러 가지 차원에서 봐야지 어느 한쪽의 어느 한 차원에서만 보고 판단해서는 안 된다고 한다.

굽은 나무가 대궐을 짓는 데 재목으로는 쓸모가 없지만 꼬부랑 할머니의 지팡이로는 쓸모가 있다는 것이다. 물을 건널 때 그 깊이를 재는 잣대로도 쓸 수 있다. 모든 나무는 기둥감이어야 한다거나, 굽은 나무는 땔감으로밖에 쓸데가 없다고 하는 고정관념을 벗어던지면, 어느 나무든 그 쓰임새는 무한하다는 것이다.

또한 동네에 서 있는 뒤틀리고 옹이가 많은 큰 나무는 재목으로 쓸 수는 없어도 그 그늘이 주는 시원함은 쭉쭉 곧게 뻗은 조그만 나무가 제공하는 유용성과 차원이 다르다고도 했다. 쓸모가 있느냐 없느냐의 문제만이 아니라, 쓸모가 있지만 더욱 값진 쓸모가 있는데도 값싸게 쓰이는 경우는 없는지도 따져 봐야 한다는 것이다.

이처럼 시각을 달리하여 보면 기업도 업業의 개념을 창조할 수 있지 않을까?

인터러뱅 정신

창조를 위해서는 인터러뱅Intrerrobang정신이 필요하다고 한다. 인터러뱅?+!=?은 물음표와 느낌표를 결합한 생각의 빅뱅을 나타내는 문장부호다. 수사학적 질문을 뜻하는 interragio와 느낌표의 속어 bang을 합성한 단어이다. 1962년 미국 광고대행사 사장인 마틴 스펙터Martin K. Specter가 처음 만들었다고 한다.

이어령 교수는 이것을 '생각하는 물음표와 행동하는 느낌표가 합쳐진 창조적 지성의 물음느낌표'로 소개했다. 한 민간연구소는 '무엇이든 물음표를 던지고 그것을 해결하는 느낌표를 찾아내는 창조마크'로 사용하였다.

일에서든 일상생활이든 끊임없이 물음표? 속에서 상상하고 뜻밖의 느낌표!로 놀랄 만한 결과를 가져오는 창조성을 가져야 하지 않을까?

물음표가 느낌표를 만날 때 생각의 빅뱅, 인터러뱅이 새로운 창조를 가져다 줄 것이다.

빌 게이츠, 스티브 잡스, 세르게이 브린, 래리 페이지, 마크 주커버그, 피카소, 갈릴레이, 이순신 장군……. 이들은 기존 질서의 파괴자이자, 세상을 만드는 창조자였던 것이다.

그렇다면, 혁신의 상징적 아이콘인 인터러뱅을 이뤄내기 위해서는 어떻게 해야 할까? 이른바 '인터러뱅 사이클'이라고 부르는 방법론이 있다. 이것은 현재 벌어지고 있는 현상에 대해 끊임없이 '왜Why'라고 질문하는 지적 호기심으로 시작해서 '어떻게How'에 도달하기까지 고정관념을 파괴하고, 재창조하며, 실행하는 혁신적 문제 해결방안을 말한다.

물음표?를 뒤집으면 낚시 바늘이 된다. 고기를 낚으려면 낚시 바늘을 바다나 호수에 던져야 하듯, 답을 얻으려면 세상을 향해 질문을 던져야 한다.

낚시 바늘이 달라지면 낚을 수 있는 고기도 달라지는 것이다.

신체의 근육은 쓰면 쓸수록 강해진다. 마음의 근육도 마찬가지다. 스스로 물음을 던지고 스스로 답을 찾는 운동을 통해서 강해지는 것이다.

고정관념의 틀을 깨라

『역사의 연구』를 쓴 세계적인 역사학자 토인비는 말한다.

역사적 성공의 반은, 죽을지도 모를 위기에서 비롯되었다.
역사적 실패의 반은, 찬란했던 시절에 대한 기억에서 비롯됐다.

옛 기억 때문에 역사의 반이 실패했다는 말이다. 선입감에 젖으면 새로운 방식을 만들어 내는 개혁적인 사고에 지장이 생긴다. 우리 교육의 암기식 교육은 기존의 선입감을 주입하는 것이다.

그렇다면 우리는 기존의 기억을 없애고 새로운 기억을 만들어야 하는가? 그건 아니다. 이미 가지고 있는 기억의 거미줄을 활용해 새롭고 창의적인 기억을 만들 수 있다. 단지 기억을 바라보는 시각을 달리하면 되는 것이다. 기억을 버리는 것이 아니라 생각을 바꾸라는 말이다. 『마음』, p.231

무엇이든지 추상적인 것이 우리 뇌의 네트워크 형성과 추출에는 좋다고 한다. 특히 어릴 때에는 더욱 그렇다. 왜 어른들은 새로운 생각이 떠오르지 않을까? 그것은 이미 많은 것을 알고 있다고 생각하기 때문이다. 어른들은 이미 등식에 능하다. '아, 그거.', '그 사람은 이런 놈이야.', '이 소주는 맛이 원래 이래.' 등등 모든 것이 이미 아는 것이다. 그러나 나이가 어릴수록 아는 게 없어서 무엇에 대해 단정적으로 말하기 어려워한다. 이때 뇌는 최대한 그것이 무엇인지를 알기 위해 네트워크를 작동시켜 의식과 무의식을 활용한다. 고정화된 관념이 창의성을 저해한다. 『마음』, p.428

2015년 2월 28일자 조선일보에는 우리의 고정관념을 깨는 빅데이터 분석결과를 읽을 수 있다.

우리는 많은 여성들이 아침마다 화장을 하며, 하루 한두 번 화장을 고친다고 생각한다. 밤 10시에 화장을 고치는 경우는 없다고 생각한다. 무엇 때문에 한밤중에 화장을 고치겠느냐고 생각하는 것이다. 우리의 고정관념이다.

그런데 소셜 빅 데이터를 분석한 결과는 고정관념을 깨는 사실을 알게 해 준다. 빅 데이터 분석 결과 여성들은 하루에 화장을 무려 네 번 고치는 것으로 나타났다. 일단 오전 10시에 화장을 고치고, 점심 후 1시에 다시 고치며, 그리고 오후 4시 이후에 퇴근 준비하면서 공들여 다시 고친다는 것이다. 그런데 놀랍게도 마지막으로 화장을 고치는 시간이 밤 10시라고 한다. 밤 10시에 왜 화장을 고칠까? 그 이유 역시 놀랍게도 셀카 때문이었다.

많은 기업들이 소비자의 욕구를 파악하기 위해 질문을 활용해 왔다. 그리고 그 결과를 사실처럼 받아들였다. 그러나 실제의 삶을 분석해 보면 우리의 고정관념을 깨는 행태들을 많이 발견할 수 있다. 이제 삶의 흔적들이 모인 빅 데이터를 얻고 그것을 분석할 수 있게 되었기 때문이다. 따라서 이제는 기업들도 소비자들이 바라는 것이 무엇인지를 정확히 알기 위해서는, 단순히 질문의 차원을 넘어서 소비자의 행태를 면밀히 관찰하고, 또 관찰해야 하지 않을까?

웅변은 은이요, 침묵은 금이다Speech is silver, silence is gold라는 속담이 있다. 나는 여태까지 그 말이 옳다고 믿고 있었으며, 경청하고 꼭 필요한 말만을 하는 것의 중요성을 역설한 글귀라고 생각했다. 내가 미국 유학생활 중에 UN에서 같이 근무했던 빌Bill은 "침묵은 금? 정말 그 말이 옳은 거야?" 자기 마음을 자기도 모르는 터에 자기 생각을 제대로 표현하지 않고서 남이 알아주기를 바라는 것은 난센스라고 일침을 가했다. 그 이후부터 나는 거꾸로 생각해 보는 습관을 부쩍 많이 가지게 되었다.

"말하지 않아도 알 수 있다고 착각하지 마세요. 이 세상에 말하지 않아도 알 수 있는 것은 아무것도 없습니다." 『내 영혼의 비타민』, p.202

예전에는 '아는 것이 힘'이라고 했다. 당연한 것으로 받아들였다. 그러나 지금의 21세기에는 지식정보는 무한히 넘쳐난다. 지식정보가 넘쳐나는 지식정보사회, 아이디어 사회에서는 유용한 지식정보의 '검색Search이 힘'이라고 생각하지 않는가? 또한 '상상력이 힘'임을 절감하고 있지 아니한가?

중국 왕충王充의 『논형論衡』에 「하로동선夏爐冬扇」이라는 고사가 나온다. 여름 화로, 겨울 부채라는 뜻이다. 철에 맞지 않거나 쓸모없는 물건을 비유하거나, 아무런 쓸모가 없는 말이나 재주를 비유할 때 쓰는 말이다.

그러나 비록 여름의 화로라 하더라도 젖은 것을 말릴 수 있고, 겨울의 부채라 하더라도 그것으로 불씨를 일으킬 수도 있는 법이다. 생각의 차이다. 쓸모없어 보이는 물건도 어떻게 사용하느냐에 따라 무용지물이 유용지물이 될 수도 있지 아니한가?

고정관념을 깨뜨리는 데서 창의성이 나오는 것이다. 여태까지 가지고 있던 고정관념이 과연 사실일까? 왜 그럴까? 역逆은 성립하지 않을까?

『장자』에도 비슷한 이야기가 나온다. 물고기에게 땅에 대해 설명할 수 없고, 음치에게 모차르트 음악을 이야기해 줄 수 없다. 우리는 표주박을 '안'에 물을 담는 용도로만 쓴다고 생각한다. 이러한 고정관념을 파괴하고 표주박 '밖'에 물을 담을 수는 없을까? 표주박을 배에 매달아 부력을 이용해서 배를 띄우는 것은 표주박 밖에 물을 담는 것이다. 이처럼 상식에서 출발하여, 그 상식에 끊임없이 물음표?를 던져봄으로써 창의성은 창출되는 것이다.

어떤 회사의 필기시험 중에 다음과 같은 문제가 있었다고 한다.

당신은 거센 폭풍우가 몰아치는 밤길에 운전을 하고 있습니다. 마침 버스 정류장을 지나치는데, 그곳에는 세 사람이 버스를 기다리고 있었습니다.
죽어가고 있는 듯한 할머니, 당신의 생명을 구해준 적이 있는 의사, 당신이 꿈에 그리던 이상형.
당신은 단 한 명만을 차에 태울 수 있습니다. 어떤 사람을 태우겠습니까? 죽어가는 할머니를 태워 그녀의 목숨을 우선 구할 수도 있을 것이다. 의사를 태워 그의 은혜를 갚을 수도 있다. 아니다. 의사에게 보답하는 것은 나중에도 가능한 데 반해, 이상형은 이 기회 아니면 다시는 못 만날 수도 있다.

응시자 중 200명의 경쟁자를 제치고 최종적으로 채용된 사람이 써낸 답은,

"의사 선생님께 제 차 열쇠를 드리죠, 할머니를 병원으로 모셔다 드리도록. 그리고 난 내 이상형과 함께 버스를 기다릴 겁니다."

우리의 고정관념의 틀을 깨는 발상은 창조의 원동력인 것이다.

고양이와 냉장고의 공통점

2011년 11월 12일자 조선일보에 실린 글을 보면 이런 내용이 나온다.

사람들 중에는 하드 싱킹Hard Thinking을 잘하는 사람과 소프트 싱킹Soft Thinking에 익숙한 사람이 있다. 하드 싱킹이란 직선적이고 논리적이며 가까이에서 분석하는 사고방식을 말하고, 소프트 싱킹이란 부드럽고 직관적이며 멀리서 보는 사고방식을 의미한다. 하드 싱킹이 이성이라면, 소프트 싱킹은 감성이고, 전자가 좌뇌라면 후자는 우뇌이다.

'고양이'와 '냉장고'의 공통점을 찾으라면?
하드 싱킹을 하는 사람은 당황한다. 고양이는 동물이고 냉장고는 기계다. 하나는 생물이고 다른 하나는 무생물이다. 어떤 공통점이 있단 말인가? 하지만 소프트 싱킹을 하는 사람은, 둘 다 꼬리가 있고, 그 안에 생선을 넣을 수 있으며, 색깔이 다양하고, 수명은 15년 정도라고 답한다고 한다.

일상생활이나 비즈니스에서도 이 두 가지 방식을 적절하게 사용해야 한다. 아이디어가 싹틀 때에는 소프트 싱킹이 유용하다. 존재하지 않았던 새로운 존재를 만들려면, 과거에 얽매이지 말아야 한다. 하지만 그 다음 실행단계에서는 하드 싱킹을 발휘해야 한다. 숫자로 측정하고, 논리적으로 실행 계획을 세우며, 솔루션을 정교하게 만들어야 한다. 소프트 싱킹만 하면 뜬구름만 잡느라 결실을 맺지 못하고, 하드 싱킹에만 치우치면 새로운 흐름을 읽지 못하고 기회를 놓친다.

1876년 3월 10일 알렉산더 그레이엄 벨과 그의 비서 왓슨은 전화를 이용해서 최초의 대화를 나눴다. 그들은 형편이 어려웠다. 따라서 당시 거대한 전신회사였던 웨스턴 유니언의 중역들에게 발명품을 시연하고 특허권을 양도하려 노력했다.

하지만 소프트 싱킹이 결핍된 웨스턴 유니언의 중역들은 전화기를 장난감 취급하고 벨의 제안을 거절했다. 이후 20년이 채 지나기 전에 미국에는 500만 대의 전화기가 보급되었고, 특허 번호 174455는 역사상 가장 값비싼 특허가 되었다. 특허권을 팔지 못한 벨은 대박을 터뜨렸지만, 기회를 발로 찼던 웨스턴 유니언은 몰락의 길로 접어들었다.

벨이 발명한 전화는 역사적인 대박을 터뜨린 소프트 싱킹의 승리였지만, 웨스턴 유니언의 몰락을 예고하는 하드 싱킹의 실패 사례이기도 하다. 2011. 11. 12. 조선일보

창조를 창조하는 발상법

우리는 항상 창조적으로 생각하라, 창조적으로 일하라, 창조적으로 행동하라고 이야기한다. 그러면 어떻게 하면 창조적Creative인 생각을 할 수 있을까? Creative Director크리에이티브 디렉터라는 직함을 가진 광고인조차도 그 방법을 몰라 오늘도 헤매고 있다고 실토한 글을 본 적이 있다.

2015년 2월 6일자 헤럴드 경제 기사다. 그 기사의 내용은 이렇다.

"어떻게 하면 크리에이티브창조적한 생각을 할 수 있나요?"

'Creative Director크리에이티브 디렉터'라는 직함으로 살아가다 보니 이런 질문을 참 많이 받습니다. 그러나 실망하실지 모르겠지만 제 대답은 '없다.'입니다. 적어도 저는 그 방법을 몰라 오늘도 헤매고 있습니다.

광고는 한 사람의 천재적 발상으로 꾸려가는 살림이 아니라 여러 사람의 고민이 보태지고, 여러 사람의 능력이 더해져야만 비로소 완성되죠.

누군가 생각의 실마리를 던지면, 맞댄 머리를 통해 '남다른 생각'으로 발전되기도 합니다. 한 사람이 던진 한마디 말이 회의에 회의를 거쳐 '신선한 화법'으로 재탄생되는 놀라운 과정을 거치기도 합니다.

이러한 일은 분명 광고라는 한정된 영역에만 해당되는 것은 아닐 것입니다. 크리에이티브한 생각은 '발명'이 아니라 '발견'의 영역이고, 그 '발견'은 한 천재의 머리나 눈이 아니라 여러 사람의 머리와 눈을 통해 얻어질 때가 훨씬 많기 때문입니다.

신선한 아이디어가 필요할 때, 혼자서 끙끙 고민하기보다는 먼저 주변의 사람을 둘러보고 이야기를 나누는 여유를 발휘해 보십시오. 발상의 방정식은 혼자서 풀 때보다 함께 머리를 맞댈 때 '유레카'를 외칠 확률이 훨씬 높아지는 다차원 방정식이니까요.

그는 창의적인 생각은 발견하는 것이며, 그 '발견'은 천재의 머리가 아니라 여러 사람이 함께 머리를 맞댈 때 얻어지는 경우가 훨씬 많다고 말한다.

스티브 잡스는 "다르게 생각하라Think different."라고 말한다.

심리학자 칼 융Carl Jung은, "창의성은 유희 충동과 함께 논다."라고 했다. 즐겁고 재미있게 놀아야 창의적인 생각도 샘솟는다는 것이다.

루트번스타인의 책 『생각의 탄생』을 보면, 역사적으로 뛰어난 창조성을 발휘한 사람들이 공통적으로 사용한 발상법이 있다. '청각적 형상화'라는 것이다. 우리들 대부분은 음악은 듣고 그림은 본다. 하지만 창조적 천재들은 그림을 '듣고' 음악을 '본다'. 파바로티는 피아노 앞에서 노래를 부르는 것보다 머릿속으로 음악을 '그리는' 경우가 더 많다고 한다. 레오나르도 다빈치는 한 가지 형상에서 무한히 다양한 대상을 그러냈다. 그들은 마음의 눈으로 관찰하고, 머릿속으로 형상을 그리며, 모형을 만들고 유추하여 통합적 통찰을 얻었다.

인지과학 분야의 세계적 대가 아서 마크만Arthur Markman 교수는 스마트 싱킹Smart Thinking에 의해 창의적인 아이디어를 만들 수 있다고 주장한다. 사람의 뇌는 전체 정보의 극히 일부분만 기억할 수 있는 특징을 가지고 있기 때문에, 일단 3가지 사실을 기억해 내고 이를 다른 분야와 접점을 통해 유사점을 찾고 유추를 통해 사고의 폭을 넓히면 된다는 것이다. 이렇게 자신이 기억한 3가지를 바탕으로 창의적인 발상을 하는 과정이 바로 스마트 싱킹이다.

앞서 본 시인들과 같은 예술가들이 사용하는 일체화 방법도 있다. 2014년 4월 3일자 동아일보에서는 그것을 예를 들어 설명하고 있다.

거울 소화기 같은 창의적 아이디어를 가지고 생각해 보자.
일반적으로 소화기는 대부분 집에서는 신발장이나 베란다 구석 등 잘 보이지 않는 곳에 처박아 둔다. 사무실에서도 아무도 보지 않는 구석에 놓아둔다. 막상 사용할 때가 되면 어떻게 사용하는지도 모른다.
이런 상황에서 제품 크기를 바꾸거나 사용설명서를 더욱 자세히 써 놓는다고 소화기 판매량이 늘어날까? 그렇지 않다. 사람 중심의 고정된 관점을 버리지 못했기 때문이다. 사람의 관점으로 제품을 만들면 아무리 좋은 아이디어를 내도 고객들에게 새롭다는 느낌을 주기 어렵다.

하지만 한 회사에서는 완전히 새롭게 거울처럼 얼굴을 비춰 볼 수 있는 액화 거울 소화기를 만들어냈다. 거울 대신에 시계를 붙여 놓으면 액화 시계 소화기가 된다. 이렇게 되면 일단 소화기를 구석에 처박아 둘 이유가 없다. 책상 위나 거실 등 잘 보이는 곳에 놓아두고 언제든 소화기를 제대로 사용할 수 있게 된다. 이 신제품을 통해 이 회사는 매출액이 크게 늘었다고 한다.

처음에는 필요하다고 가져다 놓고는 구석에 처박아 두고 한 번도 쳐다보지 않으니까 기존 소화기의 마음은 아프다. 소화기의 아픔을 찾았으니 이제 그 아픔을 해결해 주면 새로운 제품이 탄생할 수 있다. 거울이나 시계처럼 사람들이 아끼는 제품과 같은 역할을 하면 소화기에 대한 사람들의 관심이 높아질 수 있다. 이처럼 사람의 관점에서 사물의 관점으로 전환하면 거울 소화기처럼 새롭고 혁신적인 아이디어를 쉽게 도출할 수 있다.

스티브 잡스는 창의성을 키우는 방법으로 "사물을 연결하라." 라고 얘기했지만 KAIST 이광형 교수는 사물을 넘어 시간과 공간, 분야를 확장하고 연결해 사고하는 이른바 3차원3D 창의력 개발법이 유용하다고 주장한다.

'붉은 나폴레옹' 장군의 3불 전략

베트남의 '붉은 나폴레옹'이라 불리는 전쟁영웅 보응옌 지압 장군1911~2013. 그는 3불 전략으로 유명하다. 그는 본래 고등학교 역사교사 출신이다. 1940년 중국으로 망명 시절 운명적으로 호치민을 만나고 1941년 베트남에 잠입해 베트민Viet Minh을 결성하였다. 1945년 독립이 되면서 내무장관이 되었고, 1946년에는 국방장관이 되었다. 그가 유명해진 이유는 약소국이며 전력이 열등했음에도 불구하고 프랑스, 미국, 중국을 물리쳤기 때문이다. 1954년 당시 베트남을 식민통치하고 있던 프랑스와 디엔비엔푸Dien Bien Phu 전투를 벌여 이겼고, 1968년 1월 '구정공세'라는 대규모 전투를 벌여 인구는 3.5배 경제력은 60배나 되는 미국에게 치욕을 안겨 주었으며, 1979년에는 중국이 국경을 공격했을 때도 승리를 거두었다.

그는 전쟁에서 승리한 비결을 삼불전략三不戰略으로 정리하였다.
첫째, 적이 원하는 시간에 싸우지 않는다.

둘째, 적이 원하는 장소에서 싸우지 않는다.

셋째, 적이 원하는 방법으로 싸우지 않는다.

다시 말하면 우리에게 유리하도록 내가 원하는 시간에, 내가 원하는 장소에서, 내가 원하는 방법으로 싸워야만 승리할 수 있다는 것이다.

창의성 창출 방법을 시사한다. 즉 혁신 또는 창의성은, 기존의 생각을 깨뜨려 ① 남이 생각하지 못한 시점에 ② 남이 생각하지 못한 공간에 ③ 남이 생각하지 못한 분야에 적용하여 보면 어떻게 될까를 끊임없이 알려고 하는 데서 나온다. 이른바 KAIST 이광형 석좌교수가 말하는 '3차원3D 창의력 개발법'과 같은 것이다.

3차원 창의력 개발법

나는 3차원3D 창의력 개빌법은, 창의력을 키우는데 매우 유용한 방법이라고 생각해 왔다. 기업가들에게도 크게 도움이 된다고 생각해 왔다. 3차원3D 창의력 개발법은, 3차원 속의 한 지점에 위치하고 있는 우리 자신을 이동시켜 가면서 새로운 생각을 만들어 나가는 방법이다.

첫 번째 차원은 '시간'이다. 나에게 주어진 문제는 현재라는 시점에 주어진 것이다. 현재라는 시점에 고정시키면 생각이 매우 제한된다. 이때 시점을 과거와 미래로 연장해 본다.

예를 들어 새로운 전자제품 마케팅 전략을 세운다고 할 때, 현재 주어진 상황 속에 묻혀 생각하지 말고, 현재의 인터넷이나 소셜 미디어가 10년 후 어떻게 변할지 생각해보면, 변화된 환경에서는 마케팅 방법이 달라져야 한다는 것이 쉽게 보일 것이다.

두 번째 차원은 '공간'이다. 현재의 나는 한국이라는 지리적인 제약 속에 갇혀 있다. 이때 한국을 떠나 미국 유럽 일본 중국에서는 이 문제를 어떻게 볼 것인가 생각해 본다. 예를 들어 이슬람 문화권에서 물건을 판다고 생각해 본다.

세 번째 차원은 '분야'다. 다른 분야의 관점에서 보면 자연스러운 것인데도 특정 분야에 집착한 사람의 눈에는 보이지 않는 경우가 많다.

이때 다른 분야의 관점에서 생각해 보는 것이 필요하다. 예를 들어 앞의 마케팅 문제에서 신제품이 전자제품이 아니라 화장품이라면 어떤 마케팅 전략을 세울 수 있을까? 식료품이라면 어떻게 할까? 융합 연구를 해야 새로운 아이디어가 많이 나온다는 주장도 바로 이에 근거하고 있다.

시간을 달리하라

1492년 아메리카 신대륙을 발견하고 돌아온 콜럼버스의 이름이 높아지자, 그것을 시기하는 사람들이 생겨났다. 탐험에 성공한 그를 위한 잔치에서 한 사람이 말했다.

"대서양을 서쪽으로 자꾸 가서 새 섬을 발견한 것이 그렇게 대단한 일인가요? 누구나 할 수 있는 일 아닌가요?"

화가 난 콜럼버스는 탁자위에 놓은 달걀을 집어 들고서는 "여러분, 누구든지 좋습니다. 이 달걀을 탁자 위에 세울 수 있습니까?"

아무도 세우지 못했다. 안 깨뜨리고 세우려 했기 때문이다. 그는 달걀 끝을 톡톡 쳐서 깨진 쪽이 밑으로 가게 해서 세웠다.

비슷한 예로, 알렉산더 대왕B.C. 356~323이, 고르디우스의 매듭을 푸는 사람이 동방을 지배하게 된다는 신탁을 듣고, 신전에 찾아간 일도 마찬가지다. 다른 사람들은 얽힌 매듭을 풀려고만 했지 잘라 버릴 생각은 못 하였다. 그는 그 매듭을 과감하게 칼로 내리쳐 잘라버렸다.

스티브 잡스의 애플이 전화기에 컴퓨터를 넣는 그런 아이폰을 개발했다. 완전히 새로운 기술을 발명한 것이라고 보기는 어렵지만, 컴퓨터와 전화기를 합친 아이폰과 그에 더한 모바일 애플리케이션 시장을 형성한 것이다. 그 누구도 생각해 내지 못했던 혁신이다. 스티브 잡스가 없었다면 과연 이러한 모바일 애플리케이션과 무선 인터넷을 자유자재로 이용할 수 있는 환경이 왔을까?

이처럼 무슨 일이든 남이 하고 난 다음에는 쉽다. 그러나 처음으로 하기는 쉽지 않다. 보통의 관념에 대한 당시의 생각을 깨뜨리면 문제를 해결할 수 있다.

최초의 발상의 전환이 바로 새로운 창의력을 가져온다.
미 항공우주국NASA의 유인 우주선에는 20년 넘은 구형 컴퓨터를 쓴다고 한다. 첨단기능이 최선이라는 상식을 깨고, 오류가 적은 단순기능을 이용한 것이다.

아이스크림은 여름철에만 먹는 것이라는 고정관념을 깨고 겨울철에도 먹을 수 있도록 만든 아이스크림 케이크. 테마파크 등 위락시설은 보통 밤에는 문을 닫는다는 상식을 깨고 밤에도 돌아가는 테마파크. 낮에만 영업하고 밤에는 쉰다는 상식을 깨고 24시간 문을 여는 PC방, 찜질방, 편의점 등. 이제 우리의 일상생활이 된 지 오래다. 한여름 더위에 오리털 점퍼나 모피를 파는 의류업체도 마찬가지다.

1965년 예일대학 경제학과 학생이었던 프레드릭 스미스Fredrick W. Smith는 24시간 안에 전 세계 어느 곳이든 화물을 보낼 수 있는 '1일 배달 서비스' 아이디어를 학기말 리포트로 제출했다. 실현 가능성이 적은 황당한 생각이라는 이유로 결과는 C 학점.

그러나 스미스는 이 보고서를 바탕으로 1973년 세계 최고의 글로벌 운송회사 '페덱스FedEx'를 설립했다. 오늘날 전 세계 사람들은 '페덱스=특급 운송 서비스'라는 인식을 가지고 있다. 차별화된 생각이 세상을 바꾼다.

공간을 달리하라

장자莊子의 『추수편』에 '우물 안 개구리'라는 말이 나온다.
"우물 안의 개구리에게 바다 이야기를 할 수 없지요, 한곳에 갇혀 살기 때문이지요."

좁은 시야로 우물 안에서만 살고 있는 개구리는 자기가 살고 있는 세상이 전부라고 생각한다. 우물 밖에는 시야가 다르고 생각하는 방식도 다른 더 넓은 세상이 펼쳐져 있는데도. 우물 안에서의 고정관념, 기업 내에서의 고정관념, 외국에 대한 고정관념에서 벗어나 밖을 볼 필요가 있다.

대부분의 사람들은 비음주 문화권인 회교국가에서 숙취해소제를 판매한다는 것은 말도 안 된다고 생각한다. 그러나 회교국가라도 그 내부에는 다양한 문화와 인종이 존재한다는 데에 착안하여 국내 기업이 말레이시아에 진출, 2002년부터 많은 숙취해소제를 수출하였다. 외국에는 햄버거와 피자가 있다면, 한국에는 김치버거와 불고기피자가 있지 않은가?

영역을 달리하라

2010년, 인도는 자동차에 대한 고정관념을 깨고, 실린더는 2개, 와이퍼는 한 개만 단 2,500달러 한국 돈 300만 원짜리 '나노' 자동차를 시장에 내놓았다. 제너럴 일렉트릭GE은 선진국에는 저가 제품 수요가 없을 것이며, 고성능 제품은 신흥국에서도 잘 팔릴 거라는 선입견에 도전했다. 중국을 겨냥하여 기존 초음파 진단기 가격의 15%에 불과한 휴대형 기기를 개발하여 대히트했다. 2010. 2. 10. 문화일보

원래 진공청소기는 1901년 미국 열차 청소도구박람회에 참석했던 세실 부스Cecil Booth가, 압축공기를 불어 먼지를 날리는 공기발생기의 작동원리에서 발상을 얻어 탄생시켰다고 한다. 당시 그 기계를 거꾸로 돌리면 어떨까, 즉 공기를 불어내는 게 아니라 빨아들이면 어떨까 하는 발상을 통해, 오늘날의 진공청소기가 탄생된 것이다.

김밥은 동그란 말이로만 만들어야 하는 것이 아니라 삼각형 김밥이 있을 수 있다. 카메라는 반드시 필름이 있어야만 한다는 상식을 깨고 디지털 카메라가 등장하였다. 휴대폰을 모기를 퇴치하는 용도로도 쓸 수 있도록 만들었다. 여성관련 제품광고에 여성모델이 아닌 남자모델이 오히려 호감도를 높인다. 보험은 설계사를 통해서만 가입할 수 있는 것이 아니라 인터넷으로도 가입할 수 있다. 에어컨은 여름에만 작동시키는 냉방기로만 사용하는 것이 아니라 전전후 공기조절기로 사계절 사용한다. 온천도시는 온천으로만이 아니리 영화도시로도 유명할 수 있다. 고객의 불평을 잔소리로만 볼 게 아니라, 아이디어 산출의 근원으로 본다.

내일을 향해, 오준원

제3장

말 Speaking 에 묻다

무도인지단(無道人之短) 남의 단점 헐뜯지 말며
무설기지장(無說己之長) 자기 장점 자랑 말라

– 최원의 좌우명 –

말의 방정식

　말을 나타내는 한자어 언(言)은, 고대 그림문자에서는 입[구口]과 혀[설舌]를 합친 것이라도 하고, 입口과 새김칼의 의미를 합성한 글자로서 입으로 새기는 말이라는 의미라고도 한다.

　18세기 영국 시인 S. 존슨은 '말은 사상思想의 옷'이라고 정의했다. 생각을 나타내는 방법 또는 틀이란 뜻이다.
　어떤 생각을 하는가가 나의 말이 되고, 어떤 말을 하는가가 나의 행동이 된다고 했다. 행동은 결국 나의 인생이 되는 것이기에 어떤 말을 어떻게 하는가가 매우 중요하다.

정말 말 많은 게 말이다. 이런 시조時調도 있지 아니한가?

말하기 좋다 하고 남의 말을 말을 것이
남의 말 내가 하면 남도 내 말 하는 것이
말로써 말 많으니 말 말을까 하노라

"말이라고 다 말이냐, 말이 말 같아야 말이지."
"가루는 칠수록 고와지고, 말은 할수록 거칠어진다."

말은 그 대상이 있고 표현방식이 있다. 내가 있고, 상대방이 있으며, 제3자가 있다. 따라서 나에 대한 말, 상대방에 대한 말, 제3자 또는 대중에 대한 말은 달라야 할 것이다. 대상이 달라질 때 어떤 말을 어떻게 말할까? 삶의 지침으로 삼을 수 있는 말의 방정식은 무엇이며 그 해법은 무엇일까?

철학을 가진 나의 말은 자긍심이 있으되 겸손하다. 따라서 나에 대해서는 겸손하게, 진정 어린 마음으로 말해야 한다. 자만의 말, 진정성이 없는 말을 한다면 믿음과 신뢰를 잃게 되고 사람들을 멀어지게 할 뿐이다.

상대방에 대한 말은 감사의 말, 사랑의 말이어야 한다. 은혜롭지 못한 말, 상대방 탓만 하는 말을 한다면 상대방의 상심만을 키울 뿐이다.

다수의 사람들이 모여 사는 우리 사회는 가치를 창출하는 세계, 새로운 변화의 세계를 꿈꾸며 살아간다. 따라서 사회 속의 '우리'에 대한 말은 희망의 말, 용기를 주는 말이 되어야 할 것이다. 실망의 말, 가치 없는 말은 사회를 절망과 어둠에 빠뜨리게 할 뿐이다.

여기서 우리는 말의 방정식을 도출해 낼 수 있다.

말Speaking = 겸손·감사·희망MTH ; Modesty, Thanks, Hope

여기서 말의 방정식은 겸손의 원리, 감사의 원리, 희망의 원리로 구성되는 것을 알 수 있다.

나에 대해서는 겸손의 말, 상대에 대해서는 감사의 말, 사랑의 말, '우리'에 대해서는 희망의 말이 요구되는 것이다. 이제 이 방정식의 물음에 대한 지혜를 찾아 나서기로 한다.

대자연, 오준원

겸손의 원리

상선약수와 부쟁지덕

이상적인 처세방식은 무엇일까? 노자老子는 이상적인 생활방식으로, 물과 같은 생활방식과 부쟁不爭의 덕을 들었다.

물의 형상을 보고 이상적인 생활방식을 찾은 것이다. 그 이유로 세 가지를 들고 있다. 물은 상대를 거스르지 않고 상대에 따라 다양하게 대응할 수 있는 유연성이 있다. 물은 항상 낮은 곳으로 흘러가는 데서 볼 수 있듯이 겸허한 모습을 보여준다. 물은 항상 약한 모습을 보이지만 그것이 강한 힘을 낸다. 이처럼 물은 항상 약한 모습을 보이기 때문에 강한 것을 이길 수 있다. 그래서 "최선의 선善은 물과 같다上善若水."라고 말한다.

그리고 또 노자는 부쟁의 덕不爭之德을 말하고 있다. 뛰어난 지도자는 함부로 무력을 휘두르지 않으며 싸움에 능한 사람은 감정적으로 행동하지 않는다. 이기는 데 명수는 힘으로 싸우지 않으며 사람을 다루는 데 능한 사람은 겸손한 자세를 취한다고 말한다. 즉 부쟁의 덕不爭之德이란, 상대를 거스르지 않고 상대와 싸우지 않으면서 우위를 차지한다는 말이다.

자기를 내세우지 않기 때문에 오히려 사람들에게 인정받고, 자기를 과시하지 않기 때문에 오히려 다른 사람에게 존경받는다는 노자의 처세철학은 우리에게 좋은 가르침을 주지 아니한가? 겸손이 바로 강인함이라는 것을 보여주는 처세철학이 아닌가?

공자도 말한다.

총명하고 생각이 뛰어나도 어리석은 듯함으로 지켜야 하고, 공덕이 천하를 덮더라도 겸양하는 마음으로 지켜야 한다. 용맹이 세상을 진동하더라도 겁내는 듯함으로 지켜 나가며,

부유함이 사해四海를 차지했다 하더라도 겸손함으로써 지켜야 한다.

나의 좌우명은 무엇인가

자신에 대해서는 자만의 말, 진정성이 없는 말이 아니라, 겸손의 말, 믿음 있는 말을 해야 한다. 노자는 신언불미信言不美 즉 믿음이 있는 말은 번드르르하지 않다고 했다.

자신의 과거 살인행위를 깊이 뉘우치고 덕행을 기르고자 20구절의 글을 지어 책상 머리맡에 두고는 자신의 생각과 말과 행동을 경계한 사람이 있다. 한漢나라 최원崔瑗, 77~142이다. 그는 그 문장을 가리켜 좌우명이라 칭했다. 좌우명의 어원은 여기서부터 유래되었다고 한다.

최원의 좌우명 첫 2구절이다.

무도인지단無道人之短 남의 단점 헐뜯지 말며
무설기지장無說己之長 자기 장점 자랑 말라

최원의 좌우명에 감명을 받았던 백거이白居易도 그것을 본뜨고 좌우명을 지었다. 그중 말과 관련된 구절 일부이다.

문훼물척척聞毀勿戚戚 비난을 들어도 슬퍼하지 말고
문예물흔흔聞譽勿欣欣 칭찬을 들어도 기뻐하지 말라
자고행하여自顧行何如 스스로 행실이 어떤가를 돌아볼 뿐
훼예안족론毀譽安足論 어찌 비난과 칭찬을 따지고만 있을 건가

상사망명上士忘名 일류 선비는 자신의 이름이나 명예를 잊고 살고
중사입명中士立名 이류 선비는 자신의 이름이나 명예를 내세우며
하사절명下士竊名 삼류 선비는 남의 이름이나 명예를 훔치려 든다
『안씨가훈』

이책인지심以責人之心 책기責己 남을 책망하는 마음으로 자신을 책망하고
이서기지심以恕己之心 서인恕人 자신을 용서하는 마음으로 남을 용서하라
『송명신언행록宋名臣言行錄』

자신의 좌우명은 무엇인가?

부족한 사람을 좋아한다

나는 완벽한 사람이 되기를 원하는가, 모자란 듯한 사람이어도 좋은가?

이민규 심리학 교수는 『끌리는 사람은 1%가 다르다』라는 책에서 이에 대해 답하고 있다.

세상에 자기보다 잘난 사람을 좋아하는 사람은 없다. 사람들은 잘난 척, 아는 척하는 사람을 싫어한다. 이것이 세상의 이치다. 심리학자 에론슨은 사람들은 완벽한 사람보다 약간의 빈틈을 보이는 사람을 더 좋아한다는 사실을 실험으로 증명했다.

약간의 빈틈을 보이는 사람에게 더 호감이 가는 이유가 있다. 첫째, 약간의 허점을 보이는 사람은 상대방에게 우월감을 느끼게 해주며, 따라서 거리감이 줄어들고 친근감이 느껴진다. 둘째, 그런 사람을 인간적이며 진솔하다고 느낀다. 셋째, 사람들이 경계심을 풀고 마음의 문을 열게 된다.

상담을 할 때도 마찬가지다. "사실은 저도 그런 문제로 마음고생 많았습니다. 얼마나 괴로우셨겠습니까?" 상담을 위해 찾아온 사람에게, 상담자가 개인적 경험이나 생각을 털어놓음으로써 상대와 라포를 형성하면 친밀감을 느끼게 되어 상대의 속마음을 털어놓게 할 수 있다.

겸손하지 아니하면 어떻게 될까? 노자老子는 이와 관련하여, 자기를 과시하면 배척당하고, 공적을 뽐내면 비난을 산다고 말한다. 잘난 척, 아는 척하고 말한다면, 상대방은 나에게서 멀어질 뿐이다. 자화자찬으로 얻는 것은 아무것도 없다. 그렇다고 자기를 비하하라는 말은 아니다. 자기 비하나 자신에 대한 동정이 겸손은 아니기 때문이다.

겸손을 부린다고 용기까지 잃어서는 곤란하다. 우리는 누구나 삶의 밑바닥에서 힘들어하는 때가 있다. 휠체어 장애인에게 "당신은 층계를 올라갈 수 있어!" 하고 아무리 목청껏 외쳐보아도 그가 벌떡 일어나 계단을 걸어 오를 수는 없는 것이다. 도저히 내 힘으로 오르기 힘들 것 같은 가파른 오르막길 앞에 부딪힐 때는 겸손만 부리지 말고 도움을 청하는 법도 익혀야 한다는 생각이다.

환자들은 희망을 원한다

나의 고모는 당뇨병으로 크게 고생하시다 70세도 되기 전 세상을 떠나셨다. 살아생전에 어떻게든 그 병을 고쳐보고자 여러 병원을 전전하였지만 별 방법이 없다는 말만 들었다. 실낱같은 희망이라도 기대하며 마지막으로 큰 도움을 얻을 수 있으리라는 생각으로 잘 아는 병원을 찾은 적이 있다.

"어떻게든 이 병을 낫게 해 줄 수 있을까요?" 절박한 심정으로 병원장께 간청했다. 뾰족한 방법이 없다고 생각한 그 의사는 자만으로 가득한 어투로 답하였다. "그냥 그대로 살다 갈 수밖에 없어요."

실낱같은 희망이라도 기대한 고모에게 그 의사는 자신 있게 그러나 아무렇지도 않게 내뱉은 말이었다. 자만으로 가득한 그 의사의 말 한마디가 고모에게는 너무 큰 충격이었다. 크게 상심하셨다. 그 병원을 찾아간 것이 후회스럽다고 한탄하셨다. 실낱같은 희망마저 잃고 상심하시다 끝내 돌아가셨다.

2010년 9월 1일 신문에 실린 글이다. 유명 대학병원장이 대장암으로 자기병원에 입원해 'VIP 환자' 대우를 받았다지만 의사가 아니라 환자의 입장에서 고백했던 글이다.

중환자실에서 마취에서 깨어나니 극심한 통증이 폭풍처럼 밀려오는데 의사들은 치료 결과에 더 집중하더라고요. 그때야 우리의 진료문화가 질병치료에 초점이 맞춰져 있다는 것을 깨달았습니다. 환자들은 당장 고통에 괴로워하고 의사로부터 인간적이고 정신적인 위로를 받고 싶어하는데 말이죠.
환자 입장에서 어떤 의사가 좋은지 묻자 그는 말했다.
"실력이 물론 최고 덕목이겠지만 희망을 주고 나을 수 있다는 자신감을 불어넣어 주는 의사를 환자들은 절실히 원한다."

오만과 편견

나는 편견을 갖거나 오만하기 쉽다. 장영희 교수는 『문학의 숲을 거닐다』에서 오만과 편견에 관한 일화를 소개하고 있다.

그녀의 미국 친구에게는 초등학생 아들이 있었다. 아들은 늘 학교 친구 '자니'에 대해 얘기하곤 해서 엄마는 자니가 어떤 애인지 궁금했다. 그런데 어느 날 함께 산책을 하는데 아들이 외쳤다.

"엄마, 저기 자니가 와요. 저 애가 자니에요!" 흑인 아이와 백인 아이가 나란히 자전거를 타고 오고 있었는데, 아들이 흑인 아이를 가리키며 말했다. "엄마, 저 빨간색 자전거 탄 아이요. 걔가 자니에요."

그녀의 친구는 말했다. 아이 눈에는 흰 얼굴, 검은 얼굴이 중요한 것이 아니라 빨간색 자전거가 더 신기하고 눈에 띈 모양이라고. 피부 색깔로 사람을 구별하고 외양으로 사람을 판단하는 것 자체가 어른들이 갖는 편견인지도 모른다고. 『장영희』, p.272

그렇다. 살아가면서 자꾸 '오만과 편견'의 표피만 키워, 나 듣고 싶은 것만 듣고 나 보고 싶은 것만 보며 사는 어른들에게, 얼굴 색깔보다는 자전거 색깔을 보고, 번지르르한 말보다는 마음을 들을 줄 아는 아이들의 반듯한 이야기가 새삼스럽다!

영국 작가 제인 오스틴Jane Austen, 1775~1817도 그녀의 대표작 〈오만과 편견Pride and prejudice, 1813〉에서 한 사람의 편견이 다른 사람을 평가하는 데 걸림돌이 될 수 있고, 그러한 편견이 없어질 때라야 진정한 인간관계가 이루어질 수 있다는 주제를 말하고 있다.

오만한 태도에서 나오는 오만한 말에, 상대방은 식상하게 마련이다. 따라서 상대방의 지혜로운 반격도 배울 필요가 있다.

중국 춘추시대 말기 제나라 재상이었던 안영이 초나라 사신으로 갔을 때 의 일화다. 초나라 왕이 사신으로 온 키가 작고 볼품없는 안영을 깔보자 안영은 말한다.

송구하오나 우리나라에서는 사신을 파견할 때 현명한 나라에게는 현명한 사람을 보내고 우매한 나라에는 우매한 사람을 보냅니다. 그런데 제가 인물이 출중하지 못하여 이곳으로 파견되었습니다.

초나라에 도둑이 들었는데 잡고 보니 제나라 사람이었다. 이에 초나라 왕이 거만한 자세로 제나라 사람들은 질이 나쁘다고 깔보자 안영은 초나라 왕에게 반박한다.

귤이 강을 건너면 탱자로 변한다더니, 원래 순박하고 착한 제나라 사람이 초나라에 와서 도둑으로 변했습니다, 그려! 초나라의 풍토가 사람을 이렇게 만들다니요.

미국의 17대 앤드류 존슨 대통령은 세살에 아버지를 여의고 무척 가난하여 초등학교도 나오지 못했다. 하지만 그는 열 살에 양복점을 들어가 성실하게 일했고 돈 벌고 결혼한 후에야 읽고 쓰는 법을 배우게 되었다. 나중에 그는 주지사, 상원의원이 되고, 16대 대통령 링컨을 보좌하는 부통령이 된다. 그리고 링컨 대통령이 암살된 후 미국 17대 대통령 후보에 출마하지만 상대편으로부터 맹렬한 비판을 받았다.

"한 나라를 이끌어 가는 대통령이 초등학교도 못 나오다니 말이 됩니까?"

그러자 존슨은 침착하게 대답한다. 그리고 한마디로 상황을 역전시켜 버린다.

"여러분, 저는 지금까지 예수 그리스도가 초등학교를 다녔다는 말을 들어 본 적이 없습니다. 예수님은 초등학교도 못 나오셨지만 전 세계를 구원의 길로 이끌고 계십니다. 이 나라를 이끄는 힘은 학력이 아니라 긍정적 의지요 미국 국민의 적극적 지지입니다."

영국의 윈스턴 처칠이 몹시 싫어했던 여성 국회의원 레이디 에스터가 몹시 화가 나서 처칠에게 말했다.

"당신이 내 남편이었다면 당신 커피에 독을 탔을 겁니다."

처칠이 느긋하게 대답했다.
"내가 당신 남편이었다면 기꺼이 그것을 받아 마셨을 것이요."

칭찬만 받는 사람은 없다

솔직히 나에 대해 이러쿵저러쿵하는 말들을 일일이 다 신경 쓰고 사는 것은 괴로운 일이다. 현명한 것도 아니다.

사람들은 자기의 이해관계에 따라 말하고 행동하기 마련이다. 따라서 세상의 모든 사람들이 다 나를 좋아해 줄 수는 없는 것이라는 사실을 인정해야 한다. 엄격히 말하면 다른 사람이 나를 좋아하거나 싫어하는 것은 그 사람의 마음이다. 내 마음에서 비롯된 것이 아닌 것이다. 다른 사람의 마음에 내가 끌려다니며 내 중심을 잃고 일희일비하는 것이 현명한 일인가? 더욱 현명한 방법은 무엇인가?

때로 한두 사람의 비난이나 험담에 상처받아 쉽게 의기소침할 필요는 없다. 나에 대해 잘 알지도 못하고 무심코 한 말에 너무 신경 쓰고 마음 아파할 필요도 없다. 남이 나를 깎아 내린다는 것은, 뒤집어 보면 내가 지금 잘하고 있다는 반증이기도 하기 때문이다. 또 사람들은 자기보다 잘난 사람을 좋아하는 법이 없기 때문이다.

심지어 악의에 찬 중상모략에는 일절 변명하지 않는 것도 적절한 방법이다. 변명하면 할수록 의심은 눈덩이처럼 커져 거짓말이 사실인 것처럼 변하는 경우가 많다. 이럴 경우 침묵이 좋은 해결책이 될 수도 있는 것이다.

또한 상대방이 칭찬의 말 아첨하는 말을 한다고 해서 그저 좋아할 일이 아니다. 진정 나 자신을 들여다보게 만드는 사람은, 나에게 칭찬하고 아첨하는 사람이 아니다. 나에게 대꾸하고 비난하는 사람들로 인해 나 자신을 되돌아보게 되는 것이다. 상대방이 엉뚱한 소리를 하거나 변명을 한다 할지라도, 깨달음을 얻는 경우가 있지 아니한가?

비방만 받는 사람이나 칭찬만 받는 사람은 없었으며
앞으로도 없을 것이다.
칭찬도 비난도 모두 속절없나니
모두가 제 이름과 제 이익의 관점에서 말하는 것일 뿐.
『법구경』 품노품

너와 나, 오준원

감사의 원리

'때문에'와 '덕분에'

여러분은 나쁜 말은 입 밖에 내지 마십시오. 필요할 때에 남에게 유익한 말을 하여 듣는 사람들에게 은혜가 되게 하십시오.

성경 에페소서 4:29

우리는 이로운 말, 듣는 이에게 은혜가 되는 말을 하고 있는가?

몽골 속담도 있다.

칼의 상처는 아물어도 말의 상처는 아물지 않는다.

어느 수도원의 복도에는 〈말 한마디〉라는 시가 걸려있다고 한다.

부주의한 말 한마디가 싸움의 불씨가 되고
잔인한 말 한마디가 삶을 파괴합니다
쓰디쓴 말 한마디가 증오의 씨를 뿌리고
무례한 말 한마디가 사랑의 불을 끕니다
은혜로운 말 한마디가 길을 평탄케 하고
즐거운 말 한마디가 하루를 빛나게 합니다
때에 맞는 말 한마디가 긴장을 풀어주고
사랑의 말 한마디가 축복을 줍니다

그렇다. 상대방에 대해서는 부정적인 말, 상대방 탓만 하는 말이 아니라, 긍정의 말, 사랑의 말을 해야 한다.

내가 상대방에 대해 긍정적으로 얘기하지 않으면, 상대방도 절대 나에 대해 좋게 얘기하지 않는 법이다. 내가 상대방 탓만 하는 말을 하면 상대방을 상심시키고 미움만 키울 뿐 믿음과 신뢰를 잃게 될 것이다. 내가 남을 비웃으며 손가락질을 할 때 엄지와 검지 이외의 나머지 3개의 손가락은 나를 가리킨다. '원수를 사랑하라.'는 말을 곰곰이 생각해 보자. 사랑의 씨앗을 원수의 가슴에 뿌리면 원수의 가슴에서 사랑의 열매가 맺는다. 복수의 씨앗을 뿌리면 복수의 열매가 맺는다. 자연의 법칙이 가르치는 바와 같다.

70대의 선배님께 들은 얘기다. 어떤 모임에 갔는데 상대방이 반갑다며 하는 인사말이 "왜 이렇게 늙어 보이느냐?", "얼굴이 안돼 보인다."라고 말하더라는 것이다. 그처럼 섭섭하게 들리는 말이 없었다고 한다. 상심만 키운 셈이다. 그렇게 말하지 말자. 우리는 왜 "신수가 훤해 보이네!", "얼굴 혈색도 좋구만!", "나이가 많다는 것은 경험과 능력이 많다는 거잖아요." 하고 말하지 못하는가?

같은 말이라도 말하는 사람, 듣는 사람에 따라서 느끼는 감정이 다르다.
"당신은 정말 멋진 분이에요. 나는 당신이 참 좋아요."라는 말에,

어떤 사람은 그 말을 의심하고 기분 나쁘게 생각하며 "저 사람은 왜 이렇게 나한테 아부하지? 무언가 얻어내려고 그러지?" 하고 생각하는가 하면, 어떤 사람은 상대방을 의심하면서 "그 말을

어떻게 믿어. 그의 말은 항상 가식이야." 하기도 한다.

한편 기분 좋게 받아들이는 사람은, "아, 그 사람이 나를 좋아하는 걸 알게 됐어, 정말 기분 좋더라고." 하고 반응하기도 한다. 이처럼 똑같은 칭찬의 말이라도 반응은 제각각일 수 있다. 긍정적 마인드와 부정적 마인드의 차이 때문이다. 상대방에게 긍정적인 말을 하고, 상대방의 말도 긍정적으로 받아들이도록 노력해야 한다. 부정적인 마인드를 가진 사람은 부정적인 말을 할 뿐 아니라 같은 말도 부정적으로 받아들이기 때문이다.

사랑하기 때문에 한 말이라고 하지만, 자식이나 직장인들이 싫어하는 말이 있다. 이런 말을 사랑의 말, 감사의 말로 받아들이지 않는다. 조심해야 할 말이다.

"엄마 친구 아들은 항상 100점인데 너는 만날 70점이야?", "누구 아빠는…….", "옆집 남자는…….'" 하는 등의 남과 비교 평가하는 말. "아직도 결혼 안 했어?", "아직도 과장이야?", "왜 이렇게 늙어 보여?"와 같은 신변상의 말.

상대방의 상심만 키우는 해서는 안 되는 말이 있다.

"그 녀석은 너무 까다로운 데다 자기 잘난 척만 해." 하는 비판적인 말. "너는 내 자식도 아니야. 너에게 아무것도 기대할 게 없어!", "너는 문제투성이야!", "네가 제대로 하는 게 도대체 무엇이야?"와 같은 단정적인 말.

성난 말에 성난 말로 대꾸하지 말라. 말다툼은 언제나 두 번째 성난 말에서 비롯된다. 훌륭한 사람이란 향나무처럼 자기를 찍는 도끼에게 향을 내뿜는 사람이다. 『군승법사』

가는 말이 고와야 오는 말이 곱다.

내가 옳은 것이 중요한 것이 아니고, 우리가 같이 행복한 것이 훨씬 더 중요하다. 『혜민』, p.225

그렇다. 말다툼은 언제나 두 번째 성난 말에서 비롯된다. 말다툼은 언제나 '너 때문에'라고 생각하고 상대방 탓하는 말에서 비롯된다. '너 때문에'라고 비난할 것이 아니라 '너 덕분에'라는 감사의 말로부터 시작하자. '너 때문에'라고 트집 잡기보다 '나 때문에'라는 자성으로부터 시작하자.

우리는 가끔 부모 탓, 조상 탓, 하늘 탓, 세상 탓을 한다. "부모 때문에, 조상 때문에 이 모양 이 꼴이지!", "하늘이 나를 버리다니!", "세상이 원망스럽다."라고 한다. 따지고 보면 부모, 조상이나, 하늘과 세상은 내가 어찌할 수 없는 주어진 것이다. 그런데 왜 우리는 멀쩡한 조상 탓, 하늘 탓을 하고 살아야 하는가? 우리는 자연과 하늘과 하나임을 알아야 하지 않을까?

'네 탓'은 불행의 씨앗이요 '내 탓'은 행복의 출발이다. '네 탓' 하며 흉보는 말은, 나의 적을 만들어 가는 것이다. '네 탓' 하는 버릇을 치유하는 방법은 '내 탓'으로 돌려 자성하며 겸손해지는 것이다. 인생에서 지는 사람은 그 이유를 밖에서 찾고, 이기는 사람은 그 이유를 안에서 찾는다고 했다. 적을 만들지 않은 자가, 적들과 싸워 이길 수 있는 힘을 가진 자보다 훨씬 더 지혜롭다고 했다.

내 발을 보호하기 위해 온대지를 가죽으로 덮는 것보다는
내 발을 가죽으로 감싸는 것이 훨씬 더 간편합니다.
미운 사람을 피하려고 하기보다는
자신 안에 있는 분노나 미움을 없애는 것이 훨씬 더 쉬운 일입니다. 달라이 라마

바람 잘 날 없는 가정

바람 잘 날 없는 가정의 가장이 항상 행복하게 사는 옆집 가정의 가장에게 물었다. 우리 집은 항상 말다툼하고 투정하고 싸우기만 하는데, 당신 댁은 어떻게 하시기에 항상 그렇게 행복하게 사시느냐고.

옆집의 가장은 대답하였다. 댁에는 착한 분들만 살지만, 우리 집에는 무슨 일만 생기면 서로 '내 탓'만 하는 나쁜 사람들만 살기 때문이라고.

내가 부주의하여 방바닥에 놓인 물 잔을 엎었을 때, 나는 내 부주의 때문에 엎었으니 내가 나쁜 사람이라 하고, 아내는 물 잔을 거기에 둔 자기가 나쁜 사람이라고 말하고, 어머니는 어른이면서도 그것을 치우지 못한 자신이 나쁜 사람이라고 말한다는 것이었다. 서로 자기 잘못인 나쁜 사람들만 사는 집안이라는 것이다. 그렇다. 서로 내 탓만 하고 사는 집안은 정말이지 행복할 것이다.

쓰레기 봉지와 비행기

감사하는 것도 생각하기 나름이다. 2010년 10월, 조선일보와 인터넷에 실린 김홍신 소설가의 에세이가 있다. 그 내용은 이렇다.

꽃다발을 주었을 때 받으면 누구의 것입니까?
그야 저의 것이지요.
받지 않으면 누구의 것입니까?

마찬가지로 쓰레기 봉지를 주었을 때 받으면 누구의 것입니까?
쓰레기도 받으면 제 것이 됩니다.
그렇다면 받지 않으면 누구의 것입니까?
그야 쓰레기를 준 사람의 것인지요.

꽃다발은 받으면 화병에 꽂아두고 감사하게 된다. 그런데 분노 시기 질투 근심 걱정 같은 쓰레기는 어떻게 할까? 쓰레기통에 버리면 그만이다.
우리는 분노 시기 질투 근심 걱정을 하고 산다. 그런데 곰곰이 생각해 보면 그것들은 내가 만든 것이다. 그러면서도 자꾸 남의 탓으로 돌리기 십상이다. 내가 내 손에 쥐고 있는 것이 쓰레기인지 아닌지 잘 가려 보아야 하지 않을까?

　서울에서 출발한 비행기가 김해공항에 착륙하려는 참에 갑자기 돌풍이 불어 비행기가 급상승했다. 기체는 기울인 채로 기장은 30분 정도 주변을 배회하니 양해해 달라고 했다. 30여 분 내내 겁도 나고 불안에 떨어야 했다. 만약 추락하면 어쩌나, 가족은 어찌될까, 살아남을 수 있을까 등등 별의별 생각을 다하며 기나긴 30여 분을 보냈다.
　돌풍이 멈추자 비행기는 사뿐히 착륙했다. 세상모르고 코를 골고 자던 승객들은 그제야 눈을 부비고 일어나 여유만만하게 걸어 나갔다. 비행기는 나를 몹시 괴롭혔건만, 잠들었던 승객에게는 서울에서 부산까지 빨리 데려다 준 고마운 비행기일 뿐이다.

　내가 근심 걱정에 휘말렸던 30분과 그 시간에 잠들었던 승객의 30분은 어떤 차이가 있을까? 온갖 근심 걱정을 했던 내가 불행한 것일까? 비행기 안에서 30여 분 동안 온갖 근심 걱정을 하기 전까지는 그저 무덤덤하게 무언가에 쫓기며 살아왔는데, 내가 겪은 30분은 내가 살아있는 것만으로도 무지하게 고맙고 감사했다.

　그렇다. 근심, 걱정, 시련, 좌절에 밟혀 쓰러지면 인생은 고통이지만, 그걸 지팡이 삼아 걸어 나가면 희망이 된다. 풀도 베이면 그 상처에서 은은한 향기를 풍긴다. 개펄 속의 조개도 오랜 시련을 거쳐 영롱한 진주를 만들어 내는 것이다. 보잘것없는 것이 삶의 가치를 만들고, 고통을 주는 것이 인생에는 감사하는 마음을 깨우쳐 주는 것이 아닐까?

엄청난 선물

저녁이면 내가 돌아갈 집이 있다는 것, 힘들 때 마음을 함께 할 가족이 있다는 것, 외로울 때 혼자들을 노래가 있다는 것, 건강한 몸으로 즐겁게 일할 수 있는 일거리가 있다는 것, 물소리 새소리 들으며 산책할 오솔길이 있다는 것, 고속도로 휴게소 화장실에서 멋진 명언을 발견할 수 있다는 것, 운전 중 양보받은 차 운전자가 고맙다고 손을 들어준다는 것. 이런 것들이 모두 우리의 '선물' 아닌가? 이런 것들이 모두 우리가 느끼는 행복 아닌가? 우리는 이것이 '선물'임을 깨닫지 못하고 당연한 것으로 여기며 감사할 줄 모르고 있지는 않은가?

적어도 나의 기억으로는 옛사람들은 아주 작은 기쁨에도 감사할 줄 알았고, 그저 살아가고 있는 오늘 자체에 감사하는 마음 챙김의 비법을 지니고 있었다. 비가 오면 비가 와서 감사해 했고, 햇빛이 비치면 해가 떠서 감사해 했다. 그런데 나는 어떠한가? 현대인들은 어떠한가? 끊임없이 더 잘난 남들과 비교하며 불만에 쌓이고 삶을 푸념한다. 대박이라도 터져야 감사하게 생각하고, 대박이 터져도 더 큰 대박에 정신을 빼앗겨 감사할 겨를이 없다.

그렇다. 나는 어머님이 아침저녁 따뜻하게 챙겨주시던 밥도, 자식들이 학교 잘 다니고 속 썩이지 않는 것도, 당연한 것으로 여기며 감사할 줄 모르고 살아왔다. 당연히 감사할 일이 없는데 무슨 고마움을 느끼겠느냐고 말하면서. 하지만 감사할 일 역시 보려고 해야 보이고 찾으려고 해야 찾아지는 법이다. 나는 일상의 사소한 일에서부터 감사할 일을 찾아 왔는가?

20세기 인류에 가장 큰 영향력을 행사한 인물 21인 가운데 15명, 노벨상 수상자의 27%, 미국 40대 부자의 절반을 배출한 민족. 바로 유대인이다. 유대인들은 매일 최소한 100가지 이상 감사할 거리를 찾는 연습을 한다고 한다. 탈무드는 우리가 천둥소리를 들을 수 있고, 번개를 볼 수 있고, 갖가지 맛을 느낄 수 있고, 대자연의 모든 것과 함께할 수 있음에 감사하라고 가르친다.

때때로 우리의 삶이 다하고 지금 내가 하는 말이 내 생애 마지막 말이 된다면 어떤 말을 할까? 당연시 여기는 태도를 감사의 마음으로 바꾸는 가장 좋은 방법은 가끔 마지막일지도 모른다는 생각으로 주변 사람들을 바라보는 것이다.

정신의학과 교수들의 말에 의하면, "사랑합니다.", "감사합니다." 같은 말은 세로토닌이나 도파민 같은 행복 호르몬을 분비하는 반면, "짜증나요.", "힘들어 죽겠어요." 같은 말은 스트레스 호르몬을 내보낸다고 한다.

그걸 꼭 말로 해야 되나요

기독교에서는 식사 후 이렇게 기도드린다. 이른바 식사 후 기도문이다.

전능하신 하느님,
저희에게 베풀어주신
모든 은혜에 감사하나이다

그렇다. 은혜를 입었다는 생각이 감사하는 마음을 품게 만들고, 감사의 마음을 가지면 감사의 말이 나온다. 은혜로운 생각으로 사랑하는 마음을 가지면 사랑의 말이 나온다.

누군가에 가슴속 깊이 고마움을 느끼면서 동시에 그를 미워하는 것은 불가능하다. 이 두 가지 감정 상태는 함께 존재할 수 없기 때문이다.

고맙게 느낀다면 표현을 해야 한다. 사랑과 감사란 혼자 간직하라고 있는 것이 아니며 입은 먹기 위해서만 있는 것이 아니다. 우리는 가족들에게 고마워할 일이 너무도 많으면서도 당연시 여기고 오히려 투덜거릴 때가 더 많다.

"가족인데 그걸 꼭 말로 해야 되나요?"
"그래요. 해야 합니다. 말이 아니면 글로라도 표현하는 것이 현명한 것이지요."

장애인으로 휠체어에 몸을 의지하여 학생들을 가르치다 결국 암에 이기지 못하고 2009년 59세를 일기로 세상을 떠났던 서강대 영문학자 고 장영희 교수. 그녀는 『문학의 숲을 거닐다』라는 문학 에세이집에서 이렇게 적고 있다.

"딸로 태어나서 지지리도 속도 썩였는데 그래도 저희들은 엄마 아빠의 딸이라서 참 좋았습니다. 사랑합니다. 어머니, 아버지!"

이심전심의 착각

청춘남녀가 별을 헤며 연애를 한다.

자기야, 나 사랑해?
당연하지.
얼마만큼?
하늘만큼 땅만큼.
그럼, 저기 저 별도 따다 줄 수 있어?
당연하지. 어떤 별? 저거? 지금 가서 따다 줄게.

이렇게 말하며 의기양양하게 일어서려는 남자친구. 미소 지으며 남자친구의 팔을 조용히 붙잡는 여자친구에게

"꼭 따다 주고 싶은데……."

별을 따다 주겠다는 약속! 믿지는 않는다. 그러나 서로는 통한다. 그것은 사기 치는 것이 아니다. 그 어떤 어려움도 이겨내고 따다 줄 마음이 있다는, 그만큼 사랑한다는 마음의 표현이다.

그러나 이러한 사랑도 결혼 후에는 달라진다. 정말 그런 것 같다. 굳이 표현하지 않더라도 상대방은 당연히 나의 마음을 알아줄 거라고 믿는다. 심리학에서는 이것을 '마음읽기 기대'라고 말한다. 마음읽기 기대는 부부와 같은 친밀한 관계에서 높게 나타나지만 불행히도 오히려 관계를 망치는 요인 중의 하나로 밝혀졌다고 한다. 이른바 이심전심以心傳心의 착각이다.

부부간에는 서로 마음을 너무도 잘 알고 있다고 착각하고 있지만, 실제로는 마음을 표현하지 않고 살기에 서로 간의 마음을 가장 모르는 사이라고 한다. 이런 때문에 "그걸 꼭 말로 해야 알아?" 하는 시비에서 시작하여 싸움을 벌인다. 이런 착각을 하는 사람들은 상대방에게 자신의 마음을 표현하는 데 인색하다. 별을 따다 준다는 말도, 지금 사랑한다는 말도 하지 않는다. 그런 걸 말로 해야 아느냐며 역정을 낼 뿐이다. 나도 그렇다.

가정의 가장들, 기업 CEO들, 정부 고위 관료들은 조심해야 한다. 이들은 리더들이다. 리더들은 자신이 비중이 높고, 상대방에게 미치는 영향력이 크다고 믿는다. 따라서 이심전심以心傳心의 착각에 잘 빠지는 대표적인 사람들이다. 가장노릇을 하고 있는 나의 경험에 비추어 보아도 틀림없다고 생각한다. 나도 이런 이심전심의 착각에 빠져있다고 느끼는 때가 한두 번이 아니기 때문이다.

자신의 가족에 대한 사랑, 회사에 대한 열정, 국가와 국민에 대한 사랑은 말로 표현하지 않아도 모든 사람이 이미 잘 알고 있을 것이라는 믿음은 착각이다. 실제로 타인은 내 마음을 잘 알 수도 없고 잘못 아는 경우도 많기 때문이다. 부하들은 벌어진 일에 대한 해결도 중요하지만, 리더에게서 따뜻한 마음의 표현을 기대하기도 한다는 사실을 인정해야 한다.

좋아한다는 말 한마디

나는 나를 좋아하는 사람을 좋아한다. 나를 싫어하는 사람이라고 생각되면 왠지 마음에 걸린다. 신경이 쓰인다. 사람들은 자기를 좋아하는 사람을 좋아하는 심리를 가진 것 같다. 이른바 '호감의 상호성Reciprocity of Liking' 심리다. 심리학자 레베카는 '좋아한다.'는 말 한마디로 사람들이 우리를 좋아하게 만들 수 있다는 사실을 보여 주었다.

사실 내가 상대방을 싫어하면 상대방 역시 나를 싫어하는 것은 당연한 이치 아닌가? 상대방을 칭찬하는 좋은 말을 하자.

미소가 참 밝습니다. 유머감각이 뛰어나군요.
책임감이 놀랍습니다. 맡긴 일을 잘 하는 것이 멋집니다.
재치가 대단합니다. 기대 이상입니다. 역시 다릅니다.
당신을 알고 있다는 것이 기쁩니다. 소문이 맞습니다.

상대방의 어려운 처지를 이해하고 격려해야 하는 경우라면 힘이 되어주는 말을 하자. 아무런 감동도 주지 못하는 위로나 격려는 가치가 없는 허공의 메아리일 뿐이다. 진정으로 상대방의 가치를 인정하는 말을 한다면 그 사람 역시 받은 만큼 되돌려 주기 위해 노력하는 것이다.
사업이 어려워진 친구에게는 그저 "기운 내라."라는 말보다는 긍정적인 미래에 대한 확신을 심어줄 수 있는 말, "다 겪는 시련이야. 너는 뛰어난 능력의 소유자야. 우리 성공하면 대포 한잔하자."라는 말이 더욱 좋지 않을까?

 상호성 원리와는 반대의 전략도 있다. 우리가 일상에서 경험하는 현상들이다. 젊은이들이 가끔 쓰는 특히 이성관계에 있어서의 '튕기기 전략'이 좋은 예이다. 여성은 상대를 좋아하면서도 고백을 해오면 상대의 호감을 무시하거나 싫은 척한다. 자신의 가치를 더 높여 상대의 관심과 호감을 더 높일 수 있다고 생각하기 때문이다. 남성들은 튕기는 여성을 좋아하는 경우도 있다. 튕기는 여성은 다른 남성에게도 쉽게 넘어가지 않을 것이라고 판단하기 때문이다. 따라서 튕기기 전략은 유용하기도 하지만 위험 부담도 큰 전략이다.

사랑하기 때문에 한 말

 나에게는 지혜로운 방법으로 나의 모습과 태도를 다잡아주는, 고마운 말을 해준 비서들이 있었다. 내가 무언가 언짢아하거나 불만이 있어 보일 때, 나의 표정이 굳어있고 나도 모르게 화가 난 듯한 얼굴을 하고 있을 때, 비서가 말한다.

"원장님, 조금 피곤해 보이세요."
"감사님, 사람들은 감사님의 엷은 미소 띤 얼굴이 매력이래요."

이 한마디에 나는 깨달음을 얻는다. 나의 표정이 굳어 있었고 얼굴에 웃음이 없이 다른 사람에게 불편을 주고 있었다는 것을 깨닫게 된다.

비서들은 "무슨 기분 나쁜 일이 있어요?", "왜 그렇게 화난 얼굴을 하고 있어요?" 하고 말하고 싶었을 것이다. 하지만 다른 표현으로 나를 깨우쳐 준 것이다. 나는 그 비서들에게 항상 고마워하고 있다.

자식이 아버지 어머니에게 따지듯이 달려들어 속상한 일이 있다 할지라도 곰곰이 생각해 보면 내 자신이 배움을 얻고 깨달음을 얻지 아니한가?

그래서 사마천은 말한다.

좋은 약은 입에 쓰나 병에는 이롭고, 충언은 귀에 거슬리나 행동에는 이롭다. 『사기』

『맹자』는 말한다.

상대방의 부당한 이야기를 들으면 상대가 얼마나 어리석은지를 판단할 수 있고, 엉뚱한 소리를 들으면 무엇에 마음을 빼앗겼는지를 판단할 수 있다. 부정한 소리를 들으면 어디서부터 도리에 벗어나는지를 판단할 수 있고, 변명을 들으면 어디에서 한계에 부딪혔는지 판단할 수 있다.

선한 거짓말도 있다

옛날 어느 왕이 큰 죄를 지은 죄수를 사형에 처하라는 명을 내렸다. 신하 두 명에게 이끌려 형장으로 가던 그 죄수는 "이 몹쓸 놈의 왕, 죽어서 지옥에나 떨어져라!" 하고 소리쳤다.

신하 두 명은 죄수를 형장에 데려다 주고 왕에게로 돌아왔다. 왕이 한 신하에게 묻자 그는 대답했다. "예, 전하. 자기 죄를 뉘우치면서 국왕 전하께 축복이 있기를 바란다고 말하더이다."

다른 신하는 말하기를 "아닙니다, 전하. 그 말은 거짓입니다.

그 죄수는 전하에게 죽어서 지옥에 떨어지라고 저주하더이다."
라고 했다.

그러자 왕은 나중에 말한 신하를 나무라며 "네 말이 참말에 가깝다는 것을 나는 안다. 하지만 네 말에는 악의가 들어 있구나. 저 친구 말은 거짓이기는 하나 선한 의도가 들어 있지 않으냐. 때로는 분란을 일으키는 진실보다 사람들을 화해시키는 거짓이 더 나을 때도 있느니라." 하면서 그 죄수의 죄를 용서해 주었다고 한다. 2005. 6. 10. 매일경제

"아! 참 아쉽다. 넌 잘할 수 있었는데. 이번엔 운이 나빴던 거야.", "아주머니, 처녀시절엔 메이퀸이셨지요? 지금도 이렇게 미인인 것을 보면." 물론 거짓말이다. 하지만 이것은 선의의 거짓말이다. 공자도 선한 거짓말은 필요하다고 했다.

감사에도 단계가 있다

평소에 '감사'에 대해 깊이 생각해 보지 못하다가 '감사'에 관심을 가지게 되니 '감사'가 더욱 잘 보이기 시작했다. 2013년 대만

에 출장을 갔을 때 묵었던 호텔에서도 우연히 감사와 행복을 주제로 한 책을 발견하고선 무척이나 기뻐했었다. 감사에도 그 깊이가 다르며, 단계가 있다는 것을 알게 되었다.

첫째는 "만약 ― 해 준다면if" 감사하게 되는 조건부적인 감사가 있다. "만약if 당신이 자선단체에 기부를 해 준다면, 감사하겠습니다. 불우한 이웃들이 겨울을 따뜻하게 지낼 수 있기 때문입니다." 이럴 경우의 감사이다. 즉 특정 조건을 충족시켜 주었을 때 감사하게 되는 경우로서 가장 낮은 단계의 감사이다.

다음으로는 "― 때문에because" 감사하게 되는 경우이다. "당신이 기부를 해 주었기 때문에, 불우 이웃들이 큰 걱정 없이 겨울을 보낼 수 있었습니다. 감사합니다." 이럴 경우의 감사이다. 일이 잘 풀리게 된 원인을 상대방 덕분이라고 생각하는 것이다.

마지막으로 "― 에도 불구하고in spite of"에 의한 감사가 있다. "당신이 남을 도울 형편이 못 되는 데도 불구하고, 자선단체에 기부해 주셔서 불우이웃들에게 큰 감동이었습니다. 감사합니다." 가장 높은 단계의 감사이다.

재산도 권력도 없는 사람이 다른 사람들을 위하여 선행을 하는 것은 매우 어렵다. 그렇기 때문에 만약 어떤 사람이 어려움에도 불구하고 남을 도울 수 있다면 그것은 더더욱 귀중한 것이다. 힘든 상황, 어려운 입장일 텐데도 불구하고 선행을 베푼다면 가장 높은 단계의 감사를 불러온다. 상대방에게 감동을 주는 것이 바로 이것이다.

사랑을 위하여, 오준원

희망의 원리

포기하라?

제3자 또는 대중에 대한 말은 희망의 말, 용기를 주는 말을 해야 할 것이다. 험담이나 실망의 말은 서로에게 절망과 좌절만을 안겨줄 뿐이다.

사람들은 스트레스를 해소하고, 서로 친해지기 위해, 그리고 누군가를 비하시킴으로써 상대적으로 자긍심을 느끼기 때문에, 없는 데서 누군가를 험담한다. 뒷담화에 빠져드는 것이다.

고등학교 시절에 들었던 험담에 관한 일화가 생각난다.

어느 수도사가 젊은 과부의 집에 자주 드나들었다. 마을 사람들은 그를 음탕한 자라고 비난하고 험담했다. 얼마 후, 그 젊은 과부가 암으로 세상을 떠났다. 그때서야 마을 사람들은 수도사가 말기 암 환자였던 젊은 과부를 위로하기 위해 그 집에 드나들었다는 사실을 알게 되었다. 험담했던 두 여인이 그 수도사를 찾아가 용서를 빌었다.

그러자 수도사는 그 여인들에게 닭털을 한 봉지씩 나눠주며 들판에 나가 그것을 바람에 날려버리고 오라고 말했다. 두 여인은 시키는 대로 들판에 닭털을 모두 날려 보낸 후 다시 수도사에게로 돌아왔다.

그러자 수도사는 이번에는 바람에 날려버린 그 닭털들을 모두 주워 오라고 말했다. 여인들은 당황해하며 어찌할 줄을 몰랐다. 수도사가 두 여인에게 말했다.

"잘못을 용서해 주는 것은 어렵지 않지만, 한번 입 밖으로 내뱉은 말은 다시 주워 담기 어려운 것이지요." 주워 담기 어려운 말은 엎질러진 물이다.

그렇다. 남에 대한 뒷담화는, 만족은 짧고 후회는 길다. 『끌리는

『사람은 1%가 다르다』, p.144

험담은, 험담을 하는 자기 자신은 물론, 욕을 먹는 사람, 욕을 듣는 사람까지 한꺼번에 세 사람을 해친다고 한다.

영국 수상 윈스턴 처칠은 명연설가로 유명하다. 세계 제2차 대전 이후 총리 시절, 70대의 고령의 나이에 영국 옥스퍼드 대학 졸업식에 참석해 축사를 했다. 졸업생들에게 말했다

"Give up! 포기하라"

이렇게 말하고는 그는 한참 동안 학생들을 바라보고만 있었다. 숨을 죽이고 어리둥절하고 있던 학생들을 향해 다시,

"Never! 결코" 하고 소리쳤다.

청중들은 환호했다.

"Give up, never! 결코 포기하지 말라" 라고 말한 것이다.

이처럼 말 한마디가 의미의 반전을 가져오는 엄청난 힘을 발휘하는 것이다.
그는 절대로 포기하지 않는 사람이다.

"Never, never, never give up 절대로 절대로 절대로 포기하지 말라"

처칠이 좌우명으로 삼았던 말이라고 한다.

말의 전염성

많은 말이 사람을 변화시키는 것은 아니다.
한 줄의 문장, 한마디의 말이 용기를 주고 힘을 주고 희망을 주는 것이다.

절망에 빠진 사람에게 건넨 희망의 말 한마디가 그 사람을 일으켜 세워 희망에 찬 생활을 하게 한다. 희망에 부푼 그의 미소는 나에게 희망의 씨를 뿌린다. 용기를 주는 말 한마디, 희망의 미소는 없어서 못 주는 것이 아니라 몰라서 못 주는 것이다.

요즈음 살맛 나지 않는다는 말과, 인생의 낙이 없다는 말을 많이 듣게 된다. 은퇴자들은 이제 할 일이 없으니 살맛나지 않는다는 말을 한다. 지금보다 형편이 어려웠던 옛 시절에도 사람들은 가족들 무사하고 하늘을 우러러 부끄럽지 않으며 아랫사람 가르치는 삼락三樂을 삶의 보람으로 삼고 살았다는데, 그때보다 잘산다는 우리들은 왜 낙이 없다고 할까?

이럴 때 우리는 다른 사람들 앞에서 무심코 절망과 체념어린 말을 하기 쉽다. 그러지 말자. 이러한 감정 상태는 옆 사람에게 그대로 전파되기 때문이다. 정신의학에서 말하는 소위 감정 전염 Emotional Contagion 현상이 발생하기 때문이다.

내가 걸린 독감이 남에게 전염되듯 나의 감정도 옆 사람들에게 전파되어 나간다. 특히 성격이 강한 가장이나 카리스마 넘치는 리더의 감정 상태는 가정과 회사에 순식간에 전파되어 많은 사람에게 큰 영향을 미친다는 것을 나는 몸소 체험하고 있다. 나도 그런 적이 많았으니까.

그런데 부정적 에너지의 감염 속도는 긍정적인 에너지보다 15배나 빠르다고 한다. 식탁에서 말없이 젓가락만 굴리다가 한숨을 몰아쉬는 자식을 보거나, 현관에 들어서면서 문을 세게 닫고 화난 표정으로 들어오는 남편만 보아도, 집안의 분위기는 금방 얼음

장이 된다. 나만 경험한 것인가?

하버드대학교의 제임스 파울러 교수와 니콜라스 크리스타키스 교수가 쓴 『행복은 전염된다 : Connected』라는 책을 보면, 감정전염 현상에 의해 행복도 전염된다고 말한다.

그들의 연구 결과에 의하면, 친구1단계가 행복할 경우 당사자가 행복할 확률은 15% 상승했으며, 2단계 거리에 있는 사람친구의 친구에 대한 행복 확산 효과는 10%, 3단계 거리에 있는 사람친구의 친구의 친구에 대한 행복 확산 효과는 6%였다. 마치 바이러스처럼 행복도 전염되는 것이다.

보았는가? 우리의 행복을 위해 가장 중요한 것은 행복한 사람과 시간을 보내면 된다는 것이다. 행복하고 싶으면 행복한 사람들 곁으로 가야 한다는 말이다. 용기를 주고 희망을 주는 한마디가 주변 사람들에게 삶의 행복을 가져다준다.

희망의 노래로

1910년의 한일합방에서 광복이 된 1945년까지의 일제식민지

시대, 1950년의 6·25 동란 등을 거쳐왔던 세대들은 슬픔과 고통의 역사를 헤쳐 나와야 했다. 그래서 노래 역시 한과 슬픔을 노래한 곡이 많았다. 그때 사람들은 슬픈 노래를 좋아했다.

그러나 요즘 사람들은 슬픈 노래를 싫어하는 것 같다. 특히 요즘 청춘들은 슬픈 노래를 싫어한다는 생각이 든다. 슬픈 일이 있어도 밝은 노래를 듣겠다고 한다. 물론 요즘 노래 중에도 슬픈 곡들이 없는 건 아니지만 드물다는 생각이다. 삶에 있어 잔잔한 쓸쓸함과 괴로움과 외로움이 삶을 위대하고 풍요롭게 만드는 한 요소가 되는 것은 틀림없다.

그러나 많은 사람들 앞에서는 이제 우리는 절망과 좌절의 노래, 나약함과 포기의 노래, 슬픔의 노래 대신, 희망과 용기를 주는 노래, 힘이 솟게 하는 노래, 호연지기를 불러일으키는 노래를 불러야 한다고 생각한다. 시詩도 마찬가지다.

이제 우리도 희망의 시를 쓰고 희망의 노래를 부르자. 희망의 말 한마디가, 희망의 시 한 줄이나 희망의 노래 한 구절이, 삶을 깨우고 아픈 마음을 어루만져주기 때문이다.

내 영혼이 힘들고 지칠 때라도 나의 마음이 무거울 때라도 "You Raise Me Up. 날 세우시네" 과 같은 노래, 〈희망의 이름으로〉

와 같은 희망의 노래를 부르자.

  아주 오랫동안 잊고 살았던
  그대의 그 미소를 다시 지어요
  희망은 그대 가까이 있어요

  그대 알고 있나요
  깨달을 수 있는 그것을 느낄 수 있는
  그대의 모습을 나는 바라고 있어요

  먼 곳을 찾지 말아요
  이미 그대 안에 살아있는걸
  가슴 깊이 느껴지나요
  들리나요 나의 그대여
  그대 희망의 이름으로

그리고 현제명의 시에 곡을 붙인 〈희망의 나라로〉를 노래 부르자.

  배를 저어가자 험한 바다 물결 건너 저편 언덕에

산천 경계 좋고 바람 시원한 곳 희망의 나라로
돛을 달아라 부는 바람 맞춰 물결 넘어 앞에 나가자
자유 평등 평화 행복 가득한 곳 희망의 나라로

80세 청춘

중국의 여류 시인 수팅의 「이 또한 모든 것입니다」라는 시는 말한다.

오늘 나무들이 다 폭풍에 부러지는 것은 아닙니다
모든 씨앗들이 다 뿌리내릴 토양을 찾는 것은 아닙니다
모든 진실한 마음들이 다 인심人心의 사막에 유실되는 것은 아닙니다
모든 꿈들이 다 기꺼이 날개가 꺾이기를 바라는 것은 아닙니다
아닙니다, 모든 것이 다 당신의 말처럼 그런 것은 아닙니다
모든 불꽃이 다 자신만을 태우고 남을 비추지 못하는 것은 아닙니다
모든 별들이 다 어둔 밤만을 가리키고 서광을 알리지 못하는 것은 아닙니다

모든 외침에 메아리가 없는 것은 아닙니다
모든 손실이 보상받지 못하는 것은 아닙니다
모든 심연이 멸망인 것은 아닙니다…
모든 희망이 미래를 위해 싸우고 있습니다
이 모든 것을 당신의 어깨 위에 올려놓으세요

에머슨은 그의 시 「무엇이 성공인가」에서 "자신이 현재 살아 있음으로 해서 단 한 사람의 인생이라도 행복해지는 것, 이것이 진정한 성공이다."라고 말했다.

천상병 시인은 「귀천」이라는 시에서,
"나 하늘로 돌아가리라. 아름다운 이 세상 소풍 끝내는 날, 가서 아름다웠더라고 말하리라."라고 쓰고 있지만, 나를 부르는 그날 세상에 대한 아무 미련 없이 하늘로 돌아갈 수 있도록 '지금'을 열심히 살아야 한다고 생각한다.

사무엘 울만은 그의 시 「청춘」에서 말하고 있지 아니한가?

청춘이란
인생의 어느 기간을 말하는 것이 아니라 마음의 상태를 말한다.

그것은 장미빛 뺨, 앵두 같은 입술, 하늘거리는 자태가 아니라
강인한 의지, 풍부한 상상력, 불타는 열정을 말한다.

청춘이란 인생의 깊은 샘물에서 오는 신선한 정신, 유약함을
물리치는 용기, 안이를 뿌리치는 모험심을 의미한다.

때로는 이십의 청년보다 육십이 된 사람에게 청춘이 있다.
나이를 먹는다고 해서 우리가 늙는 것은 아니다.
이상을 잃어버릴 때 비로소 늙는 것이다.

세월은 우리의 주름살을 늘게 하지만
열정을 가진 마음을 시들게 하지는 못한다.
고뇌, 공포, 실망 때문에 기력이 땅으로 떨어질 때
비로소 마음이 시들어 버리는 것이다.

육십 세이든 십육 세이든 모든 사람의 가슴속에는
놀라움에 끌리는 마음, 젖먹이 아이와 같은 미지에 대한 끝없
는 탐구심, 삶에서 환희를 얻고자 하는 열망이 있는 법이다.

그대와 나의 가슴속에는

남에게 잘 보이지 않는 그 무엇이 간직되어 있다.
아름다움, 희망, 희열, 용기, 영원의 세계에서 오는 힘,
이 모든 것을 간직하고 있는 한 언제까지나 그대는 젊음을 유지할 것이다.

영감이 끊어져
정신이 냉소라는 눈에 파묻히고 비탄이란 얼음에 갇힌 사람은
비록 나이가 이십 세라 할지라도 이미 늙은이와 다름없다.
그러나 머리를 드높여 희망이란 파도를 탈수 있는 한
그대는 팔십 세일지라도 영원한 청춘의 소유자인 것이다.

그렇다. 세상을 살다 보면 많은 것을 잃고도 얻으니 하루하루 최선 다해 의미 있게 산다면 훌륭한 인생으로 빚어진 삶의 풍악이 울리지 않겠는가? 그러니 희망의 노래를 부르자.

찬란한 메아리, 오준원

대화의 원리

123 법칙

사람의 입은 하나, 귀는 둘이다. 이는 말하기보다 듣기를 두 배 더하라는 뜻이다. 탈무드에 나온다. 하나만큼 말하라고 입은 하나요, 둘만큼 들으라고 귀는 둘이며, 말하고 듣는 만큼 반응을 보이라고 맞장구는 셋이다. 소위 대화에 있어서의 1:2:3의 법칙이다.

신흠申欽, 1566~1628이 말한다. "마땅히 말해야 할 때 침묵하는 것은 잘못이다. 의당 침묵해야 할 자리에서 말하는 것도 잘못이다.

반드시 말해야 할 때 말하고, 침묵해야 할 때 침묵해야만 군자일 것이다."

말을 아끼는 자는 지식을 감춘 사람이고 정신이 냉철한 자는 슬기를 지닌 사람이다. 미련한 자라도 침묵하면 지혜로워 보이고 입술을 닫고 있으면 슬기로워 보인다. 구약성서 잠언 제17장 27절, 28절

맹자 '진심盡心' 하에는 이렇게 적었다.

선비가 말해서는 안 될 때 말하는 것은 말로 무언가를 취하려는 것이다. 말해야 할 때 말하지 않는 것은 말하지 않음으로써 낚으려는 것이다. 꿍꿍이속이 있을 때 사람들은 말과 침묵을 반대로 한다. 그러나 꼭 필요한 말은 신중히 해야 한다.

"말하지 않아도 알 수 있다고 착각하지 마세요. 이 세상에 말하지 않아도 알 수 있는 것은 아무것도 없습니다." 『내 영혼의 비타민』, p.202

공허한 말, 부질없는 말을 하지 말라.
교언영색巧言令色 선의인鮮矣仁

교묘한 말과 아첨하는 사람 치고 선한 사람이 드물다.「논어」

사람을 움직이는 힘은 입이 아니라 귀에서 나온다. 세상은 말 잘하는 사람보다 말 잘 듣는 사람을 더 사랑한다.

몽골제국을 건설한 칭기즈칸1162~1227은 배우지 못해 이름도 쓸 줄 몰랐지만 남의 말에 귀 기울이면서 현명해지는 법을 배웠다고 한다. 세계를 정복한 그는 "내 귀가 나를 현명하게 가르쳤다."라고 말했다. 인생에서 배워야 할 것은, 언제 입 다물고 있어야 하는지를 아는 사람, 말을 아끼는 대신 귀 기울이고 질문을 많이 하는 사람의 지혜이다.

"웅변은 은이요, 침묵은 금이다Speech is silver, silence is gold."라는 서양속담이 있다. 경청, 즉 상대방의 말에 귀 기울이는 자세가 바로 침묵이 아닐까 싶다.

말을 아끼고, 경청하되, 대화 중에는 적절한 맞장구가 필요하다.
적절한 맞장구는 말하는 사람을 기분 좋게 만드는 최고의 수단이다.

"아, 그래요?", "정말?", "맞아요. 나도 그래요.", "우와! 대단하네요." 하면서 말로 하는 맞장구도 있지만, 고개를 끄덕이거나 눈을 지그시 응시하는 등 표정으로 하는 맞장구도 있다. 지혜로운 질문 역시 좋은 맞장구다.

나의 경험상 강의 등 공개석상에서 곤란한 질문이 나올 때도 있다. 이럴 경우 진땀 흘리며 답을 찾기보다는 조용히 경청한 후 진지하게 맞장구를 쳐주는 것이 효과적일 때가 있다.

3:7의 황금률

대화하는 과정에서도 부득이 꾸중 또는 설득을 해야 할 필요가 있는 경우가 있다. 이때 우리는 얼마를 칭찬하고 얼마를 꾸중 또는 설득할 것인가를 고민하는 경우가 많을 것이다. 이것이 문제다. 이럴 경우 꾸중만으로 일관 하지 말고, 꾸중 다음에 칭찬의 순서로 하되 그 비중을 3:7로 하는 것이 유용하다고 생각된다. 이른바 3:7의 법칙이다. 꾸중 또는 설득은 3만큼, 칭찬은 7만큼 하는 것이다.

"당신 그 일 하느라 고생 많았겠지. 그런데 알고 보니 엉터리였더구만!" 하는 직장 상사의 말이나, "시험 치르느라 고생 많았다. 그런데 수학 점수는 그게 뭐니?" 하는 부모의 말에 크게 기분 상해본 적이 있을 것이다.

반면에, "당신 일을 얼른 뚱땅하는 것 같은데, 그 일 마무리 참 잘했데! 참 고생 많았어!" 하는 말에 무척이나 우쭐해진 적이 있을 것이다.

같은 내용이라도 긍정적인 말로 시작하여 부정적인 말로 마무리하는 것보다, 부정적인 말로 시작하여 긍정적인 말로 마무리하는 것이 훨씬 효과적이라고 한다.

심리학자 에론슨과 린다의 실험이 있다. ① 어떤 사람에 대해 계속 칭찬만 하게 한 경우 ② 처음부터 끝까지 계속 비난하게 한 경우 ③ 부정적인 말로 시작하여 나중에는 칭찬으로 마무리하게 한 경우 ④ 처음에는 긍정적인 말로 시작하여 나중에는 비난으로 끝내게 한 경우 ③과 반대의 경우의 각각에 대하여, 그 이야기를 한 사람에 대한 호감도를 물어본 것이다.

어떤 사람을 가장 좋아할까? 언뜻 생각하면 ①의 경우처럼 계속 칭찬만 하는 사람을 가장 좋아할 것 같다. 그런데 사실은 그게 아니었다.

　그러면 어떤 경우 호감도가 가장 높을까? ③의 경우다. 부정적인 평가로 시작하여 칭찬으로 끝내는 경우 호감도가 가장 높았다. ④의 경우 호감도는 가장 낮았다. 칭찬 끝에 토를 달면 그 효과가 반감된다는 것을 말해 준다.

　③과 ④의 경우 그 효과에 차이가 나는 이유는 심리학에서 말하는 '기대치 위반효과' 때문이다.

기대치를 위반하라

　우리는 의식적 무의식적으로 상대방의 행동에 어느 정도 기대와 예상을 하게 되는데, 똑같은 행동도 상대방에 대한 우리의 기대에 따라 평가가 달라진다. 이른바 기대치 위반효과Expectancy Violation Effect다.

　만약 상대방이 이런 기대치를 긍정적으로 위반하면 상대방에 대한 호감이 증가하고, 부정적으로 위반하면 호감이 줄어든다. 상대방의 행동이 기대치를 넘는 방향으로 나타나면 감동, 칭찬, 긍정적 평가를 내리고 더 호감을 가진다. 반면, 기대치에 못 미치거나 반대 방향으로 나타나면, 불만, 실망, 부정적인 평가를 내리게 되고 덜 좋아하게 된다.

미국 플로리다에 있는 디즈니 유니버시티에서도 디즈니랜드를 찾아오는 모든 손님들의 행복을 '만드는 데' 이 방법을 쓰고 있다.

디즈니랜드의 한 환경미화원이 길에 떨어진 쓰레기를 줍고 있다가 아이의 울음소리를 들었다. 아이가 팝콘 상자를 떨어뜨려 팝콘이 땅바닥에 흩어진 것이다. 아빠는 아이를 꾸짖었고, 아이는 울어댔다. 환경미화원은 아이에게 다가가 무릎을 꿇고 말한다. "팝콘이 쏟아져 정말 슬프지? 미키마우스가 그러더구나. 네가 많이 슬퍼한다고. 그래서 미키마우스는 네가 떨어뜨린 팝콘보다 훨씬 더 큰 새 팝콘을 선물해주고 싶어 한단다." 하고 말하고는 그녀는 "짱!" 하고 그녀의 등 뒤에서 마법처럼 새 팝콘을 꺼내 준다. 이 아이는 평생 디즈니를 잊지 못할 것이다.

때가 되면 언제나 푸짐한 선물을 사들고 나타나던 맏며느리가 딱 한 번 생일 선물로 내복을 사오면 시부모는 크게 실망스러워한다. 반면 명절 때 한 번도 찾아오지도 않던 막내며느리가 오랜만에 내복을 사들고 나타나면 시부모는 크게 기뻐하며 눈물을 흘린다.

아내의 생일날 꽃과 케이크를 사오는 남편의 경우도 마찬가지다. 아내의 생일에 항상 비싸고 좋은 선물만 사오던 남편이 이번에는 꽃과 케이크를 사왔다면 아내는 좋아하기는커녕 실망하게 된다. 반면 평소 아내에게 무관심하고 아내의 생일에 선물 사오는 법이 없었던 남편이 이번에는 꽃과 케이크를 사왔다면 그 아내는 감동을 받을 것이다. 두 남편 모두 꽃과 케이크를 사왔지만, 첫 번째 남편은 아내의 기대예상를 부정적으로 위반했고, 두 번째 남편은 긍정적으로 위반했기 때문이다.

따라서 사람들에게 너무 높은 기대치가 형성되거나, 지나치게 높은 기대치를 갖지 않도록 관리할 필요가 있다. 기대가 크면 실망도 큰 법이기 때문이다. 나도 이 점을 염두에 두고 이 책을 쓰고 있다.

값비싼 선물이나 거창한 이벤트가 아니라도 '뜻밖의' 작은 친절로 예상 밖의 큰 효과를 얻는 지혜를 가지고 싶지 아니한가?

설득의 방법

대화하는 과정에서 자녀, 배우자, 상사나 부하, 고객 등 상대방을 설득을 하는 데도 그 방법이 있다.

　상대방이 나의 의견을 받아들이고 그것을 따를 기분을 느끼지 못한다면 아무리 옳은 말로도, 아무리 좋은 정보나 자료로도 그를 설득할 수 없다.
　이성적 판단에 의해 받아들이는 것이 아니라 감정으로 받아들이기 때문이다. 따라서 누군가를 설득시키고 싶다면 논리에 앞서 감정을 터치하라.

　마누라가 좋으면 처갓집 말뚝 보고도 절한다. 스님이 싫으면 그가 입고 있는 가사도 밉다.

　어떤 사람을 좋아하면 그 사람이 하는 일은 모두 그럴듯하게 느껴진다. 반대로 어떤 사람이 싫으면 그와 관련된 모든 것이 싫어진다. 어떤 대상에 대한 감정이 그와 관련된 다른 것에까지 옮겨가는 심리학에서 말하는 소위 '감정전이Transfer of Affect' 현상이다.

　아리스토텔레스는 누군가를 설득할 때는 이토스Ethos, 파토스Pathos, 로고스Logos 3가지 요소의 순환과정을 거치는 것이 필요하다고 주장했다.

먼저 상대방에게 자신의 호감과 신뢰감 등 인격적인 평가를 얻고ᵢ이토스, 다음 상대방에게 공감, 경청 등으로 친밀감을 형성하거나 유머나 공포 등 감정을 자극하는 등 상대방의 감정에 호소한다.파토스 그리고 행동의 변화의 필요성에 대한 논리적인 근거를 제공한다.로고스 마지막으로 상대방이 마음을 바꾸지 않도록 다시 이토스를 사용하는 것이다. 『이민규』, p.35

별들의 합창, 오준원

제4장
행동 Doing에 묻다

더 열심히 그 순간을
사랑할 것을…….

모든 순간이 다아
꽃봉오리인 것을,
내 열심에 따라 피어날
꽃봉오리인 것을!

— 정현종 시인의 〈모든 순간이 꽃봉오리인 것을〉에서 —

행동 방정식

일본의 유명한 경영 컨설턴트 간다 미사노리는 말한다. 성공하는 사람은 행동으로 옮기는 1%이다. 나의 반복된 행동이 습관으로 굳어지면 그게 바로 나의 인생이 되는 것이라고 했다. 그러므로 어떤 행동을 하는가가 인생에 있어 매우 중요하다.

행동이 나의 인생을 결정짓는 중요한 것이라 했다. 그렇다면 어떻게 행동해야 할까? 삶의 지침으로 삼을 수 있는 행동 방정식은 무엇이며 그 해법은 무엇일까?

나의 철학이 깃든 행동은, 나의 정성이 담기는 행동이다. 정성의 원리가 작동되어야 한다. 긍정적인 생각에 근거한 행동은 '지금, 바로' 행하는 행동인 것이며, 따라서 '지금'의 원리가 필요하다. 그리고 가치를 창조하는 행동이기 위해서는 먼저 베푸는 행동이어야 한다. 먼저 뿌려야 거두는 법이기 때문이다. 베풂의 원리가 따라야 하는 것이다. 여기서 행동 방정식이 나온다.

행동Doing = 정성·지금·베풂SNG ; Sincerity, Now, Give

행동은 정성으로, 지금 바로, 베풀어 가며 살아가야 함을 의미한다. 따라서 행동 방정식은 정성의 원리, 지금의 원리, 베풂의 원리로 구성된다. 이제 이 행동 방정식에 대한 물음을 풀어가 보기로 한다.

우리는 이런 저런 생각을 가지고 머릿속에 멋진 아이디어를 가지고 살아가고 있다. 그런데 머리로만 생각하고 그림으로는 그려내지 않는다면? 그렇다. 줄을 쳐야 빨래를 너는 법! 알고도 행하지 않으면 모르는 것만 같지 못하다.

인생은 한 권의 책과 같다. 어리석은 자는 그것을 마구 넘겨버리지만 현명한 사람은 열심히 읽는다. 단 한 번밖에 인생을 읽지 못한다는 것을 알고 있기 때문이다. 상 파울의 말이다.

환희, 오준원

정성의 원리

행이정성行以精誠**으로**

행동은 정성을 다하여 해야 한다. 정성을 다한다는 것은 3정으로 한다는 것을 말한다. 3정이란 진정眞情, 열정熱情, 긍정肯定이다. 진정성을 가지고 열성을 다하되, 긍정적으로 행동에 옮기는 것을 말한다.

프랜시스 베이컨은 "아는 것이 힘이다Knowledge is power."라고 말했다. 옳은 말이다. 그러나 어떤 학자는 "아는 것만이 힘은 아니다. 행동이 따라야 된다."라고 말한다. 행동으로의 실행이 따라야 비로소 힘이 되기 때문이다.

영어 단어 'emotion'은 감정을 의미한다. 이 단어는 '밖으로'의 의미를 나타내는 접두사 'e'에 '움직이다'는 의미를 가진 말이 결합되어, '외부로 행동을 표출한다.'는 의미를 내포하고 있다. 이것은 행동을 결정하는 것은 이성이 아니라 감정에 의해 더 많이 좌우된다는 것을 의미한다.

흡연자들은 몸에 해롭다는 것을 알면서도 담배를 피운다. 몸에 해롭다는 것을 안다. 이성으로 판단하기 때문이다. 그러나 담배는 피운다. 피우고 싶은 감정이 강하기 때문이다. 적게 먹고 규칙적으로 운동하는 것이 건강에 좋다는 것은 안다. 그러나 그것을 행동으로 옮기는 사람은 많지 않다. 맛있는 것을 먹고 편히 쉬는 것이 더 기분 좋다고 느끼기 때문이다.

8살배기 어린아이도 효도해야 한다는 것은 모두 안다. 그러나 80세의 노인도 몸소 효도하며 사는 사람은 많지 않다. 아는 것만으로 효행을 할 수 있는 것은 아니기 때문이다. 정성을 다하는 실행이 중요하다.

종은 누가 그걸 울리기 전에는
종이 아니다.
노래는 누가 그걸 부르기 전에는
노래가 아니다.

오스카 헴머스타인

내가 그의 이름을 불러주기 전에는
그는 다만
하나의 몸짓에 지나지 않았다.
내가 그의 이름을 불러 주었을 때
그는 나에게로 와서
꽃이 되었다

「꽃」, 김춘수

"나사못 하나가 기관차를 달리게도 하고, 멈추게도 한다."

작은 것 하나에도 정성을 쏟지 못하면 일을 그르치며 의미를 잃는다. 공자는 주역을 가죽 커버가 다 닳도록 3,000번을, 퇴계 이황 선생은 2,000번을 읽었다고 한다. 아는 것만이 힘은 아니기 때문이리라.

나 자신의 삶은 물론 다른 사람의 삶을 삶답게 만들기 위해 끊임없이 정성을 다하고 마음을 다하는 것처럼 아름다운 것은 없다.
톨스토이

나의 행동이 잘못인가

사람들은 자신이 선택한 행동에 대해 매우 그럴듯하게 이성적인 근거를 댄다. 하지만 그 근거들은 단지 우리가 하는 행동을 정당화하는 보조수단에 불과하다. 흡연자들은 담배를 끊어야 하는 이유와 피울 수밖에 없는 이유 모두를 알고 있다. 담뱃갑의 무시무시한 금연광고도 우리를 섬뜩하게 만든다. 하지만 그들은 폐암의 원인이 되기 때문에 금연해야 한다는 논리보다는, 스트레스를 해소해 주기 때문에 피울 수밖에 없다는 감정을 따른다. 그래서 담배를 피운다.

기존의 고전 경제학 이론에서는 인간은 합리적으로 의사결정을 하는 존재라고 보았다. 그러나 이러한 이론에 정면으로 도전한 심리학자가 있다. 심리학자로서 2002년 노벨 경제학상을 받은 대니엘 카너만이다. 그는 인간의 행동이 이성에 지배를 받기보다는 감정에 쉽게 흔들리며 주먹구구식으로 판단한다는 결론을 얻었다.

자녀들을 변화시키고 싶은가? 직원들의 성과를 높이고 싶은가? 고객을 설득하고 싶은가? 그렇다면 대부분의 선택은 감정이 좌우한다는 사실을 먼저 인정해야 한다.

"내 판단이 옳은 거야. 틀림없어. 내가 이런 정보나 자료를 갖고 말하는데 이걸 못 믿겠어?" 하고 자신하기보다는 스스로에게 이렇게 물어야 한다.

'나는 그들의 감정에 어떤 영향을 주었는가?'

우리는 누군가를 변화시키기 위해, '이렇게 하면 될 거야.' 하고 이성적으로 판단하고, '이런 자료·정보를 들이대면 될 거야.'라고 생각한다. 그러나 누군가를 변화시키기 위해 나의 이성적 판단과 객관적 정보가 중요한 것이 아니라, 상대방의 감정을 읽는 것이 훨씬 더 중요하다. 사람들은 카너만 교수의 말처럼 제한된 범위 내에서만 이성적으로 생각하고, 모든 정보는 각자의 감정에 따라 주관적으로 해석하여 행동하기 때문이다.

세월은 피부에 주름을 남기지만, 우리가 하는 일에 열정을 상실하면 영혼에 주름이 생긴다. 공직자들도 자신의 직무에 속하는 일을 하거나 의사결정을 할 때 정말이지 정성으로 하여야 할 것이다. 우리가 무슨 일을 하고 있는지도 중요하지만, 그 일에 얼마나 많은 정성을 쏟고 있느냐가 더 중요한 것이 아닐까? 자신의 논리적 판단으로 일하는 것도 중요하지만, 진정으로 국민이 같이 행복감, 만족감을 느끼도록 일하는 것이 훨씬 더 중요하지 않을까?

오만방자

정성을 다해 실행했는지 아닌지는 금방 알 수 있다. 상대방이 진심으로 감사, 감동, 감탄하면 정성을 다한 것이다. 나는 그 기준을, 상대방이 스스로 '본전 뽑았다.'는 생각이 들게 하느냐 아니냐에 있다고 생각한다. 상대방이 스스로 '본전 뽑았다.'는 생각이 들게 한 것이면 정성을 다한 것이다. 만약 그게 아니라면, 본인은 정성을 다했다 생각하더라도 정성을 다하지 못한 것이다. 왜냐하면 인간이 가진 2개의 저울 중 자신의 저울을 더 무겁게 달았기 때문이다.

정성을 다하지 못한 행동은 오만으로 나타난다. 특히 젊은 한 시절 우쭐대는 마음에 오만방자傲慢放恣했던 경험이 있지 아니한가?

고려 말 조선 초의 정치인이며 유학자였던 맹사성孟思誠, 1360~1438이 나옹 스님에게서 배운 가르침에 관한 일화가 있다.

19세에 장원급제하여 20세에 군수에 올라 자만심으로 가득했던 맹사성은 고승 나옹 스님을 찾아가 훌륭한 가르침을 청했다.

"스님, 이 고을을 다스리는 사람으로서 내가 최고로 삼아야 할 좌우명이 무엇이라 생각하오?"
"그건 어렵지 않습니다. 나쁜 일을 하지 않고 착한 일을 많이 베푸시면 됩니다."

나옹 스님이 하시는 말씀이라고는 전혀 새로울 것도 없고 또 크게 귀담아들을 내용이 없었다. 맹사성은 삼척동자도 다 아는 말을 하느냐고 거만하게 말하며 자리에서 일어나 나오려 했다. 그러자 나옹 스님은 침착한 목소리로 "이왕 오셨으니 차나 한 잔 하시지요." 하며 붙잡았다. 스님은 맹사성의 찻잔에 찻물이 넘치는 데도 계속 차를 따르는 것이었다. 이게 무슨 짓이냐고 화를 내며 소리치는 맹사성에게 스님은 말했다.

"찻물이 넘쳐 방바닥을 적시는 것은 알고, 지식이 넘쳐 인품을 망치는 것은 어찌 모르십니까?"

부끄러웠던 맹사성은 황급히 일어나 방문을 열고 나가려다 문지방에 머리를 세게 부딪치고 말았다. 그러자 스님이 빙그레 웃으며 말했다.

"고개를 숙이면 부딪치는 법이 없는 것이지요."

사람을 대할 때 정성을 쏟아도 상대가 친근함을 느끼지 못한다면 자신이 인仁으로 대했는지 반성하라. 상대를 이끌어도 따라오지 않으면 지知로 이끌었는지 반성하라. 노력해도 성과가 없다면 자신에게 원인이 있지는 않은지 반성하라.『맹자』

어떤 일이든 정성을 다하되, 조급하게 생각하지 말고 하찮은 이익에 현혹되지 말라. 조급하게 굴면 일을 그르치고, 하찮은 이익에 현혹되면 큰일을 할 수 없다.『논어』

기신정 불령이행 其身正 不令而行

기신부정 수령부종 其身不正 雖令不從

자신의 몸가짐이 바르면, 명령하지 않아도 따르고, 자신의 몸가짐이 바르지 않으면 명령하더라도 따르지 않는다. 「논어」

행동으로 답하셨던 부모님

2004년 5월 8일 어버이날, 농촌에 멀리 떨어져 사시는 부모님을 찾아뵙지도 못하고 생각하며 일기를 썼다.

기억하시나요, 어머님, 아버님!

비가 오는 데도 저희들 몰래 바다에 나가셔서 꼬막이며 바지락을 잡아다가 저희들을 위해 끓여 주시던 어머님.
어떤 때는 한기가 몸에 스며들어 베이는 쌀쌀한 늦은 가을인데도 추운 바다 개펄을 휘젓고 다니시면서 세발낙지를 잡아오시어 기어코 저희들의 입에 넣어주시고서 후련해 하시고는 정작 당신은 감기에 걸리시고야 말았던 어머님. 당신이 좋아하시는 부드러운 생선이 밥상에 올라오더라도 본인은 드셨다며 기어코 먹다 남은 뼈만 발라 드시고는 밥상을 피하시던 아버님.

 허약하신 몸으로 일 년 내내 뼈 빠지게 농사지으셨다가 저희들 5남매 중 하나라도 쌀이 떨어져 간다고 연락드리면, 당장 몸도 불편하신 두 분이서 방아를 찧어 십 리 길을 나와 서울과 분당과 수원에 살고 있는 5남매 집에 하나하나 쌀가마를 부치고서야 마음을 놓으시는 부모님.

 자식을 위해서라면 몸을 바쳐 헌신해 오신 부모님이시기에 어머님, 아버님! 저는 항상 죄스러울 뿐입니다. 가슴시리도록 안타까울 뿐입니다. 어머님, 아버님. 한없이 감사드립니다. 한없이 사랑합니다.

 그렇다. 우리들의 어머님, 아버님의 행동은 '정성'을 다하신 것이었다. 자식을 위한 일이라면 망설임이 없이 '즉시' 행하셨다. 그리고 한사코 '먼저 베푸셨다.' 그렇기에 어머님 아버님은 한없는 감동이요, 한없이 위대한 존재다.

 내가 아는 사람 중에, 멀리 떨어져 계시는 80대 노모께 매일 아침 전화하시며 안부를 전하고 기쁘게 해드리는 전직 고위직이 있다. 나는 그렇게 하지 못하고 있다. 부끄러웠다. 그러기에 나는 그분을 항상 존경한다.

평소 장애를 안고 휠체어에 의지하며 살아야 했던 영문학자 장영희 교수도 그녀의 『문학의 숲을 거닐다』에서 어머니, 아버지를 회상하며 이렇게 적고 있다.

기동력 없는 딸이 발붙일 한 뼘의 자리를 마련하기 위해 목숨 걸고 '운명에 반항'하여 싸운 나의 어머니. 장애는 곧 죄를 의미하는 사회에서 마음속으로 피를 철철 흘려도 당당하고 의연하게 딸을 지킨 나의 어머니. 업어서 교실에 데려다 놓고 밖에서 추위에 떨며 기다리시던 나의 어머니.
장애를 이유로 입학시험 보는 것조차 허락하지 않는 학교들을 찾아가 시험을 머리로 보지 다리로 보느냐며 제발 응시만이라도 하게 해달라고 사정하며 다니시던 나의 아버지.
제발 한몫 끼워달라고 애원해도 자꾸 끝으로 밀쳐대는 이 세상에 악착같이 매달릴 수 있었던 것은 어머니, 어머니가 있었기 때문이었다.

나는 불효자

5남매를 낳아 기르시며 시골 농사일에 시달리시고 모두를 대학까지 뒷바라지 하시느라 너무도 고생하셨던 어머님은, 순전히 기력도 영양도 보충하시지 못한 상태에서 죽도록 일만 하시고 고생하셨던 때문에 40세 때부터 난청 이명에 시달리셨다. 그런데도 자식들은 제대로 치료해 드리지도 못한 채 세월만 보냈다. 급기야는 완전히 귀가 멀게 되었고 그렇게 된 지 35년이 지난 2014년에야 인공와우 수술을 할 수밖에 없었다. 인공와우 수술 이후에도 다시 말을 알아듣기 위한 별도의 훈련을 거쳐야 하는데 보통 일이 아니었다. 지금도 시골에 계시는 어머님과는 전화통화 마저 어렵다. 죄송한 마음에 가슴 메이도록 울었다.

어머님은 또 치아가 좋지 않으셨다. 이가 빠지고 아파도 치료조차 제대로 받아보시지 못하셨다. 2005년 겨울에는 하는 수 없이 시골 동네를 돌아다니는 돌팔이 의사한테서 치아보철을 하셨다. 자식들에게 말하기 미안하여 몰래 하셨단다. 자식들은 별 신경도 쓰지 못한 채 모르고 지냈다.

나중에는 그 치아들에 염증과 통증이 심해져, 보철을 한 치아는 물론 그 주위의 치아까지 모두 빼고 서울에서 위아래 틀니를 해야만 했다. 어머님께 자그마한 정성도 드리지 못하고 그렇게 내버려 두었다고 생각하니 불효의 마음에 가슴이 메었다.

 어머님의 사랑만을 받아왔을 뿐 먼저 알아차리고 고통을 해결해 드리지 못한 채 세월만 보냈다. 가슴 아픈 후회만을 남기게 되었다. 안타까워하고만 있을 일이 아니었는데……. 그러기에 나는 불효자다.

 나는 나중에야 목 놓아 울면서 혼자 말로 되뇌었다. "어머니! 위대한 사람이 따로 있나요, 나에게는 어머님이 세상에서 가장 거룩하고 위대한 분이랍니다!"

세월호와 타이태닉호

2014년 4월 16일 세월호 사건!
 탑승자 476명, 승객 459명그중 324명이 단원고등학교 학생들을 태우고 인천을 출발해 제주도 도착 예정이던 세월호는 진도 서남쪽 약 3km 떨어진 곳에서 침몰하였다. 295명 사망, 9명 실종!

배가 침몰중이라는 신고가 접수된 것은 8시 58분. 놀랍게도 최초 신고자는 선장이나 선원도 아닌 단원고 학생이었다. 해운회사는 화물 적재량 등을 허위 기재하고 화물을 실었고, 관계당국은 이를 확인하지 않고 승인해 운항허가를 내줬다. 세월호 선장과 선원들의 무책임은 바로 자신들의 정성을 다하지 못한 사건의 극치로 기록되었다. 사건 발생 직후 선장과 선원들은 세월호를 버리고 해경 123정으로 탈출, 선장이 제일 먼저 구출된 것이다.

1912년 4월 15일, 승객 2,200여 명을 태우고 영국에서 미국 뉴욕을 향해 항해하던 타이태닉호! 빙산에 충돌하여 침몰!
705명의 생존자를 구한 선장 에드워드 스미스 Edward Smith. 그는 사건 발생 당시 배에 물이 차오름에도 불구하고 승객들을 구조하고 물이 차오르는 조타실에서 끝까지 방향키를 잡다가 결국 물에 쓸려가 사망하였다. 선장으로서의 책임과 혼신의 정성을 다 바치다 간 것이다.

내가 주인이라고 생각하는 사람과 월급쟁이일 뿐이라고 생각하는 사람 사이에는 이처럼 엄청난 차이가 있는 것이 아닐까?

손 잡고 걸어가는 길, 오준원

지금의 원리

지금 바로 Now

정현종 시인의 「모든 순간이 꽃봉오리인 것을」이라는 시를 읽는다.

나는 가끔 후회한다
그때 그 일이
노다지였을지도 모르는데

그때 그 사람이
그때 그 물건이
노다지였을지도 모르는데

더 열심히 파고들고
더 열심히 말을 걸고
더 열심히 귀 기울이고
더 열심히 사랑할걸

반벙어리처럼
귀머거리처럼
보내지 않았는가
우두커니처럼

더 열심히 그 순간을
사랑할 것을

모든 순간이 다아
꽃봉오리인 것을,
내 열심에 따라 피어날

꽃봉오리인 것을!

우리에게는 3가지의 값진 '금'이 있다고 한다. 그중에서도 가장 값진 금은? 예전에는 물물교환의 수단으로 썼던 소금이 있다. 다음으로 화폐로서 기능했던 황금이 있다. 그러나 그것보다 값진 것이 '지금'이라는 것이다. '지금' 이 순간순간이 모여 우리의 인생이 되기 때문이다. 오늘도 처음 살아보는 오늘이며 아침마다 마시는 커피도 사실은 매일매일 처음 마셔보는 커피다. 그렇다. 행복은 '지금' 내 곁에 있다. '지금' 기쁨을 느껴야 한다.

세계적인 작가 톨스토이는, 일생 중
가장 중요한 때는 바로 지금이고
가장 중요한 사람은 지금 당신이 만나고 있는 사람이며,
가장 중요한 일은 지금 당신이 하고 있는 일이라고 했다.

내가 최고 | Best

강윤선 칼럼니스트는 2014년 12월 9일 헤럴드 경제에 실린 「그냥 바로 시작하라」라는 글에서 이렇게 쓰고 있다.

시작이 반이라는 말이 있다. 그만큼 시작이 중요하다는 말일 것이다. 사람들은 시작하기 전에 너무 많은 고민을 하는 것 같다. 한양대 유영만 교수의 '체인지體仁知'라는 책에 보면 뭔가를 시작하는 방법에 대해서 명쾌한 설명이 나온다. 그냥 시작하라는 것이다. 사람들은 너무 완벽한 준비를 하다가 완벽하게 시작하지 못한다는 것이다.

우공이산愚公移山이라는 사자성어가 있다. 어리석은 노인이 산을 움직인다는 말이다. 세상을 바꾸는 사람은 거창한 계획을 수립하거나 위대한 생각과 아이디어를 갖고 있는 사람이 아니다. 오히려 세상을 바꾸는 사람은, 작은 실천임에도 불구하고 쉬지 않고 행동하면서 변화를 도모하는 사람이다.

진짜 행동으로 옮기는 변화가 일어나기 위해서는 내가 최고 I Best 원칙을 추천해주고 싶다. 내가 최고가 되는 방법은 나부터, 기본적인 것Basic, 쉬운 것Easy, 작은 것Small, 그리고 오늘Today부터 시작하자는 말이다.

너무 많은 생각이 필요한 일을 계획하거나 거창한 꿈만 꾸니까 시작하지 못한다. 그리고 언제나 시작하려고 하면 시작하지 않아도 되는 이유를 머리로 계산하기 시작한다.

어떤 분야에 위대한 업적을 남긴 사람들의 공통점은 시작하고 싶은 일이 생기면 바로 시작하는 데 있다. 즉 가슴으로 느낌이 다가오면 머리로 생각하고 계산하기 이전에 바로 시작한다는 점이다. 그렇지 않으면 머리는 안 해도 되는 이유를 둘러대기 시작한다.

지난 일을 끄집어내서 후회만 하지 말고 지금 여기서의 삶을 행복하게 만드는 데 최선의 노력을 경주하자. 그 길만이 다가오는 미래를 행복하게 만드는 유일한 비결이다.

그렇다. 사람들은 주로 되는 방법 10가지를 고민하기보다 안 되는 방법 10가지를 찾으려 한다. 지금 시작하지 못하는 핑계와 자기합리화는 자신의 나약함을 스스로 드러내는 나쁜 습관에 불과하다.

'할 걸'이 아닌 '했노라'

프랑스의 노벨상 작가 로망 롤랑은 그의 작품 『매혹된 혼魂』에서 말한다. "인생은 왕복표를 발행하고 있지 않다. 일단 떠나게 되면 다시 돌아오지 못한다."라고.

히말라야 지방에는 '아, 날이 새면 집 지으리라'는 이름의 전설 속의 새가 있다고 한다. 이 새는 둥지가 없이 낮에는 노래만 부르다가 밤이 되면 집을 짓지 않은 것을 후회하며 '아, 날이 새면 집 지으리라.' 하고 맹세한다. 하지만 다시 따뜻해지는 낮이 되면 어젯밤의 맹세는 잊고 또 다시 노래 부르며 놀기만 한다.

시간이 되면, 좋은 사람을 만나면, 돈을 많이 벌면, -할 텐데…….
이처럼 조건이 되면 하리라는 핑계는 이루는 것이 없다. 실패하는 자는 핑계를 찾고, 성공하는 자는 방법을 찾기 때문이다.

나는 아침마다 일찍 일어나 특별한 경우가 아닌 한 꼭 조깅과 가벼운 운동을 하고서 출근한다. 아침 일찍 일어나 운동 가고자 할 때 망설여지는 때가 한두 번이 아니다. 피곤한데 잠이나 좀 더 잘까, 오늘은 추운데 내일 아침에 할까, 이런 저런 핑계를 찾을라 치면 하지 못한다. 그럴 때 이불을 박차고 일어나지 않으면 운동도 못하고 출근해야 하는 것이다.

나이 60대의 어느 여고 수학 선생님의 말씀이 생각난다. 자기는 아침에 일어날 때 거의 예외 없이 "아이고, 아이고! 죽겠다!" 하며 힘들게 팔다리를 힘들게 딛고 일어난다는 것이다. 이래서는 안 되겠다 싶어 언제부턴가 마음을 고쳐먹었다고 한다. 일어날 때 "아이고, 아이고! 죽겠다!"가 아니라 "아싸! 좋다!" 하고 자리를 박차고 바로 일어나기로 했다는 것이다. 그랬더니 하루를 즐겁고 활기차게 생활할 수 있다고 한다.

결심했다 하더라도 실천하지 않으면 후회만 남는 법이다. 인생은 유한하다. 내일 당장 죽음이 온다면, 우리는 지금을, 오늘 하루를, 어떻게 살아야 할까? '할걸 인생'을 살 것인가, '했노라 인생'을 살 것인가?

도스토옙스키는 그의 작품에서 죽음 앞에 선 한 사형수의 이야기를 하고 있다. 죽음 앞에 선 사형수는 문득 다음과 같은 생각이 들었다.

만약 내가 죽지 않는다면! 내게 다시 삶이 주어진다면! 아! 그 영원함! 그 영원한 시간을 모두 나의 것으로 만드리라……. 단 1분도 낭비하지 않으리라!

제임스 딘은 말한다. 영원히 살 것처럼 꿈을 꾸고, 내일 죽을 것처럼 오늘을 살아라.

하자의 약속

1999년 12월 18일 서울 영등포구 영등포동에서 하자센터서울시 립청소년직업체험센터라는 곳이 처음 문을 열었다. 하자센터의 현관에는 '하자의 약속'이 걸려있다. 이 약속은 하자센터가 처음 문을 열면서 참여했던 청소년들이 자신과 동료, 그리고 후배들을 위해 직접 만든 것이라고 한다.

"하고 싶은 일을 하면서 해야 하는 일도 한다. 어떤 종류의 폭력도 행사하지 않는다. 나이 차별, 성 차별, 학력 차별, 지역 차별 안 한다. 내 뒤치다꺼리는 내가 한다. 정보와 자원은 공유한다. 입장 바꿔 생각한다. 약속은 지킨다."

무엇이든 하자. 기왕 할 거면 웃으면서 하자. 하고 싶은 일을 하면서 해야 하는 일도 하자는 다짐에서 '하자'란 이름을 붙인 것이다. 참 좋은 이름이다. 그렇다. 지금 '하자!'. 2009. 9. 8. 문화일보

지금, 여기

믿고 첫걸음부터 내딛어라. 계단의 처음과 끝을 다 보려고 하지 마라. 그냥 발을 대딛어라. 마틴 루터 킹

우리가 영어공부를 할 때, 일단 기초 영문법부터 마스터하고 외국인과 대화를 하는 것이 빠를까, 일단 손짓 몸짓을 써가면서라도 맞부딪치면서 배우는 것이 좋을까 고민한 적이 많았을 것이다.

수영이나 컴퓨터를 배울 때도, 일단 이론이나 매뉴얼부터 마스터하고 난 다음 실전을 익히는 것이 빠를까, 일단 부딪쳐가며 몸소 터득해 가며 배우는 것이 좋을까 망설였을 것이다.

일단 부딪쳐가며 익히는 것이 빠르고 좋은 방법이다. 완벽한 준비란 없는 법이며, 실수와 실패를 통해 더 많은 것을 체득하고 배우기 때문이다.

팔만대장경을 보존하고 있는 해인사의 장경각 법보전 주련에는 이런 법문이 걸려있다.

원각도량하처 圓覺道場何處 깨달음의 도량은 어디인고

현금생사즉시現今生死卽是 지금 나고 죽는 이곳이 바로 거기로다

우리들 삶도 바로 지금 이 자리를 떠나 따로 존재하지 않는다는 가르침이다. 따라서 바로 지금 이 자리에서 순간순간 최선을 다해 최대한으로 살아야 할 것이다.

임제선사의 가르침도 마찬가지다.

현금즉시現今卽是 지금이 바로 그때이지
갱무시절更無時節 다시 시절은 있지 않다

뮤지컬 〈지킬 앤 하이드〉에는 이러한 대사가 나온다.

지금 이 순간 지금 여기
간절히 바라고 원했던 이 순간
나만의 꿈 나만의 소원
이뤄질지 몰라 여기 바로 오늘

지금 이 순간순간이 모여 우리의 인생이 된다. 그럼에도 불구하고 우리는 어느 곳에도Nowhere 인생의 낙이 없고, 행복을 찾을

제4장 행동·Doing에 묻다 | 257

수 없고, 희망이 없다고 불만이다. '어느 곳에도'라는 뜻의 단어 'Nowhere'는 뜯어보면 'now지금'와 'here여기'가 합쳐진 말이 아닌가? 순간순간을 사랑하고 감사하며 열심히 살아야 하는 이유가 지금 여기 있음을 보여주는 것이 아닌가?

사실 우리는 걱정과 부정적인 생각을 수없이 하며 살아가고 있다. 인간은 생각하는 동물일 뿐만 아니라, 걱정도 생각이기 때문이다. 따라서 걱정하는 것 자체는 문제가 아니다. 걱정에 지나치게 사로잡히는 게 문제다.

걱정은 때로 과거에 대한 후회로, 때로는 미래에 대한 비관적인 생각으로 나타나게 된다. 따라서 걱정에 사로잡히면 현재가 없어지게 된다. 우리가 실제 가치와 행복을 느끼는 것은 현재인 것이다. 그런데 현재가 없어진다면 우리의 삶은 무슨 의미인가? 우리가 과거나 미래에 대한 걱정에서 벗어나 '지금, 여기'를 놓쳐서는 안 되는 이유다.

'지금, 여기'를 놓쳐서는 안 되는 이유를 깨닫게 하는 시인이 있다. 중국 송나라 시인 대익戴益의 「봄을 찾아서探春」와 독일의 대문호 괴테John Wollang von Goethe, 1749~1832의 「경고Erinnerung」라는 시다.

대익은 「봄을 찾아서」라는 시에서, 봄을 찾기 위해 하루 종일 밖에 나가 들로 산으로 찾아 헤맸는데, 헛수고만 하고 찾지 못한 채 집으로 돌아왔더니, 자기 집 뜰 안에 있는 매화 가지에 벌써 꽃망울이 봄을 알리고 있음을 발견한 것이다.

진일심춘불견춘盡日尋春不見春 온종일 봄을 찾았지만 찾지 못하고
장려답파기중운杖藜踏破幾重雲 지팡이에 험한 길을 헤매 다니다
귀래시파매초간歸來試把梅梢看 돌아와 매화나무 가지 끝을 보니
춘재지두이십분春在枝頭已十分 봄이 이미 가지 끝에 완연하구나

「경고」에서 괴테도 말한다.

Willst du immer weiterschweifen?
Sieh, das Gute liegt so nah.
Lerne nur das Glück ergreifen,
denn das Glück ist immer da.

어디까지 방황하며 멀리 가려느냐?
보아라, 좋은 것은 여기 가까이 있다

행복을 잡는 법을 알아두어라
행복이란 언제나 네 곁에 있다

'지금' 행동에 옮기자. 그리고 지금 행동에 옮길 때는 무엇을 먼저 해야 할지를 생각하자.

춘추시대 제나라의 재상 관중管仲은 말한다.

명군이 되려면 항상 천하의 형세를 관찰하고 행동으로 옮길 때를 결정해야 한다. 그리고 행동에 옮길 때는 무엇을 먼저 해야 할지를 생각하라. 가령 강한 경쟁상대가 많을 때는 나서서 행동하면 위험하므로 상대의 정황을 살피며 행동하는 편이 유리하다.
　반면 이렇다 할 경쟁상대가 없으면, 앞장서서 행동하는 편이 좋다. 상대에게 선수를 빼앗길 수도 있기 때문이다. 『관자』

자연계, 오준원.

베풂의 원리

주고 받는가, 받고 주는가

「너에게 묻는다」라는 시가 있다.

연탄재 함부로 발로 차지 마라
너는
누구에게 한번이라도 뜨거운 사람이었느냐

안도현

그렇다. 우리는 연탄재 함부로 차고 다닌다. 그러면서도 연탄이 자기를 태워 우리를 뜨겁게 해주었다는 사실은 잊고 산다. 연탄은 우리에게 따스함을 베풀었을give 뿐 받아간 것take이 없다. 그저 자기를 태워 우리에게 따스함을 주었을 뿐이다.

성경 마태복음 7장 12절 '황금률'은 이렇게 적고 있다.
남이 너희에게 해 주기를 바라는 그대로 너희도 남에게 해주어라.

모하메드도 코란에서 설교한다.
사람의 진정한 부는 이 세상에서 그가 베푸는 선이다.

나비와 벌에게 먼저 영양 가득한 꿀을 제공하게 되면, 그 대가로 나비와 벌은 꽃가루를 옮겨 준다. 꽃과 나비의 공생 작전인 것이다.

우리는 흔히 기브 앤 테이크Give & Take라고 말한다. 먼저 베풀어야 복과 덕이 돌아온다는 것이다. 정말이지 말은 그렇게 하지만, 사실 우리의 행동은 테이크 앤 기브Take & Give다. 먼저 받지 않으면 베풀지 않는 것을 당연시 여긴다.

그러나 얻고자 하면 먼저 베풀어야 한다. 이것은 당연한 이치이다. 먼저 씨를 뿌려야 수확을 거둬들일 수 있다. 이것은 우주의 법칙이다. 우리는 자연스레 호흡呼吸을 하고 살지만, 호흡도 내쉬고呼 마시는吸 것이다. 한 개의 볍씨는 천배의 수확을 되돌려 준다. 복과 덕을 얻고자 하면 먼저 베풀어야 하는 것이다. 거두려면 먼저 뿌려야 하고 얻으려면 먼저 주어야 한다. 주는 것은 나의 씨를 상대방에게 뿌리는 것이다.

먼저ahead 주고, 받아라. 세상에서 가장 부유한 사람들이 바로 세상에서 가장 큰 자선사업가라는 점은 놀라운 일이 아니다. 실패하는 사람들은 단기적인 이득에 집착하므로 자기가 원하는 것을 먼저 취한다. 반면 성공하는 사람들은 미래를 보는 눈이 있기에 다른 사람이 원하는 것을 먼저 베푼다. 먼저 베푸는 사람에게 베풀고 싶은 것이 인지상정이다.

나는 이러한 베풂의 원리는 협상에도 그대로 적용된다고 생각한다. 그리고 이것이 바로 윈-윈win-win 전략이라고 믿는다.
협상이란 줄 것은 주고 받을 것은 받는 것을 말하는데, 내가 받을 것을 먼저 이야기하고 내 이익을 먼저 챙기려 하면 협상이 성공할 리 만무하다. 먼저 상대방에게 줄 것을 이야기하고, 상대방으로

하여금 이익이 된다는 생각을 갖게 해야만 협상을 성공적으로 끌어갈 수 있다.

　여기서 우리는 흔히들 내가 먼저 주고 나중에 받는다면 나는 바보 아니냐는 생각을 한다. 내가 지는 게임을 한다고 생각하는 것이다. 그러나 아니다. 왜냐하면 쌍방이 서로 이기는 윈-윈 전략은 있는 법이며, 서로에게 윈-윈이 되어야 협상은 성공하는 것이기 때문이다.

　이러한 윈-윈 전략은 우리의 일상생활에서도 얼마든지 찾아볼 수 있다. 미국에서 유학생활을 할 때 뉴저지 주에 살았던 내가 플로리다 주에 여행을 갔을 때의 일이다. 교차로 신호등 앞에 차를 세웠는데 내 앞에 미국인 차가 한대 있었다. 나는 옆 차선으로 옮겨 빨리 가고 싶었다. 나의 나쁜 버릇을 이기지 못한 것이다. 이것을 눈치챈 미국인이 창문을 열고는 내 차를 자기 차 앞으로 빼서 먼저 갈 준비를 하라며 손짓을 하는 것이 아닌가. 나는 그 사람 양보 덕분에 빨리 출발할 수 있었고, 그 사람 역시 기쁜 마음으로 환한 웃음을 지으며 나를 먼저 보낸 것이었다. 나도 윈win이었고, 그도 윈win이었다. 사실 나는 그 사람이 고맙기도 했지만, 나의 행동이 부끄럽기도 했다.

2009년경 방송되었던 하남시 할머니 사례도 윈-윈의 전형이다. 하남시 판잣집에서 혼자 살았던 할머니는 독거노인이었는데 매달 나오는 기초생계급여를 푼푼히 모아 두었다가, 다른 불우 이웃을 돕는 데 썼다. 기자가 물었다. 할머니는 라면으로 끼니를 때우며 기초생계급여만으로 그처럼 어렵게 살면서도 어떻게 남을 돕고 사느냐고. 할머니는, 남이 먹고 싶은 것 먹고 편히 잠잘 수 있는 것을 보면 자기는 행복하다고 답했다. 남을 돕는 것이 자기의 기쁨이라고 했다. 남도 좋고 자기도 좋은 것이니 윈-윈이 아니고 무엇인가?

아이와 어른

나는 가끔 아들딸한테서 많은 것을 배우고 느낄 때가 있다. 어른들은 때로 아이들에게서 많이 배워야 한다. 장영희 교수의 『문학의 숲을 거닐다』에 소개된 일화도 그것을 말해준다. 『장영희』, p.182~183

어떤 사람이 새 자전거를 닦고 있었다. 한 아이가 다가와 호기심어린 눈으로 구경을 했다. 아이는 자전거 주인에게 살며시 물었다. "아저씨, 이 자전거 비싸요?" 주인은 대답했다. "모르겠는데, 이 자전거는 우리 형님이 주신 거란다."

이 말이 끝나자 아이는 부럽다는 듯 "나도……."라고 말을 꺼내는 것이었다.

자전거 주인은 당연히 아이가 "나도 그런 형이 있어서 이런 자전거를 받았으면 좋겠는데."라고 말할 줄 알았다. 그런데 아이의 말은 뜻밖이었다. "나도 그런 형이 될 수 있었으면 좋겠어요. 내 동생은 심장병이 있는데, 조금만 움직여도 숨을 헐떡여요. 나도 내 동생에게 이런 멋진 자전거를 주고 싶은데요."

자전거 주인이 아이의 생각을 제대로 알아채지 못한 것은, 늘 무엇인가를 남으로부터 먼저 받아서 나의 소유로 만들고 싶은 어른들 생각을 아이에게 투사했기 때문일 것이다. 아이는 먼저 동생에게 그것을 주고 싶어 했는데…….

우리 어른들은 먼저 베풀기를 원하는가, 먼저 받기를 바라는가?

베푸는 것의 의미

　조건 없이 베푸는 것이 철저하게 몸에 밴 사람은 바로 부모라고 생각한다.
　부모는 먼저 받고서 나중에 줄 생각을 하는 법이 없다. 오직 베푸는 것만 아시는 분이다. 나에게도 그러한 기억은 수없이 많다. 그러기에 자식들에게 부모님은 한없이 위대하고 거룩한 분이다.

　정공법사가 쓴 『운명을 바꾸는 법-요범사훈 강설』에서는 베푸는 것의 의미를 선과 악의 차원에서 설명하고 있다. 『운명을 바꾸는 법』, p232~234

　남을 이롭게 하는 것이 선이고, 자기를 이롭게 하는 것이 악이오. 만약 의도가 자신의 이익을 위한 것이라면 아무리 공경스럽고 예절 바르게 보여도 그것은 악이오.

　오직 다른 사람들만을 이롭게 하기 위하여 행하는 선은 공익公益으로 간주되며 참된 선이오. 선행을 하면서 오직 자신만 생각하면 그것은 사익私益으로 간주되고 거짓 선이오.

선이 마음속에서 일어나면 그것이 참된 선이오. 그러나 단지 남들이 그렇게 하기 때문에 무언가 좋은 일을 한다면 그것은 거짓이오. 아무런 대가도 기대하지 않고 선행을 하면 참된 선이오. 그러나 남을 이롭게 하는 것이 아닌 다른 목적으로 선행을 하면 거짓 선이오.

한 사람이 모든 사람들의 이익을 위하여 좋은 일을 하려고 결심하면 작은 행동이라도 커다란 공덕을 가져올 수 있다. 만약 한 사람이 오직 자기 자신의 이익만 생각한다면 비록 많은 선행을 한다 해도 그 공덕은 작을 것이다.

큰 선과 작은 선의 차이는 모든 사람들의 이익을 생각하느냐, 아니면 단지 자신과 가족들만 생각하느냐 하는 의도에 달려 있다.

무엇이 어려운 선이고 쉬운 선인가? 돈과 권력을 가진 사람이 가난한 사람보다 공덕을 쌓기가 더 쉽다. 그러나 만약 어떤 사람이 기회가 왔을 때 선을 닦는 것을 거부하면 그것은 정말로 부끄러운 일이 될 것이다. 재산도 지위도 없는 사람들이 다른 사람들을 위하여 선행을 하는 것은 매우 어렵다. 그러나 만약 어떤 사람이 어려움에도 불구하고 남을 도울 수 있다면 그것은 더더욱 귀중

한 것이다. 『운명을 바꾸는 법』, p.259~263

그렇다. 돈과 권력이 있어야만 선행을 베풀 수 있는 것은 아니다. 공자는, 돈이 없기 때문에 선행을 베풀 수 없다는 생각은 잘못이라고 했다. 돈이 없이도 어진 행위로써 많은 사람의 이익을 위해 일하는 것 그 자체가 바로 참된 선, 큰 선을 행하는 것이라고 한다. 그러므로 돈이 없는 공직자라도 참된 선, 큰 선을 행할 수 있는 위치에 있음을 알아야 한다. 문제는 소명의식에 있다는 말이다. 우리가 어떤 결정을 내릴 때에는 자신의 만족만 가져오는 이익이 아니라, 모두가 함께 걸어갈 수 있는 소명의식으로 일했느냐에 기준을 둬야 할 것이다. 사익추구는 선이 아니기 때문이다.

주자는 『근사록』에서 말한다.

"공적인 일에 사심을 갖고 행하면 이는 곧 사적인 일이 된다."

2개의 저울

사람은 의식적 무의식적으로 2개의 저울을 가진다고 한다. 하나는 자기를 재는 저울이요 다른 하나는 다른 사람을 재는 저울이다. 자기를 재는 저울은 무겁게 달며, 남을 재는 저울은 가볍게 단다. 자기가 남에 대해 베풀거나 해준 것은 많다고 생각하는 반면, 남이 자기에게 해준 것은 형편없다고 생각한다.

자신이 남에게 한 것은 잘 기억하지만, 남들이 자기에게 해준 것은 쉽게 잊는다. 그렇지 않은가? 나는 5개를 주었는데 왜 저 사람은 나에게 2개밖에 안주지? 부모가, 자식이 나에게 해준 게 도대체 뭐지? 이렇게 생각한다. 따라서 내가 약간 손해 보는 듯이 사는 것이 좋다고 생각한다. 그러면 2개의 저울은 거의 엇비슷한 무게가 될 것이다. 상대방도 크게 섭섭하지는 않다고 느낄 것이다.

『제갈량집』에 보면 이런 말이 나온다.

욕사기리欲思其利 이익을 얻고자 하면
필려기해必慮其害 손해 보는 쪽도 생각해야 하고
욕사기성欲思其成 성공을 하려면

필려기패必廬其敗 실패했을 때도 염두에 두어야 한다.

남이 내가 해준 만큼 해 주지 않는다 하더라도 원망할 필요가 없다.

『사기』에서도 이 점을 말하고 있다.

부귀할 때는 사람들이 많이 몰려들고, 가난하고 권력을 잃으면 떠난다.
정승 집 개가 죽으면 조문객이 줄을 잇지만 정작 정승이 죽으면 상가가 썰렁하다. 무릇 보통 사람들은 자기보다 열 배 부자에 대해서는 헐뜯고, 백 배가 되면 두려워하고, 천 배가 되면 그 사람의 일을 해주고, 만 배가 되면 그의 노예가 된다. 이는 본래부터 그런 것이기 때문이다.
살아있는 것은 언젠가는 죽는다. 이는 반드시 그렇게 되는 것이기 때문이다.

나도 기업도 이익 챙기기

　씨도 안 뿌리고 수확하려는 마음 때문에 일도 안하고 큰 돈을 벌고자 한다. 큰 돈이 오지 않으면 자기 운이 나쁘기 때문이라고 한탄한다. 그런데 운이라는 것도 혼자 다니지 않고 뿌린 씨앗과 함께 다니는 것이다.

　'받는 만큼만 일하겠다.', '더 많이 주면 더 열심히 일하겠다.'고 생각하는 사람이 많다. 그런 사람에게 고용주는 어떻게 할까? 고용주는 일한 만큼만 주는 법이며, 정성과 열정을 바쳐 더 열심히 일하는 직원에게는 요구하지 않더라도 더 많이 주고 싶을 것이다. 더 많은 보수를 받고 싶다면 먼저 보수 이상의 일을 해야 하는 것이다.

　"내년에는 수입이 두 배가 됐으면 좋겠어."라고 말하는 사람은 많다. 하지만 수입이 두 배가 되도록 행동하는 사람은 많지 않다. 사람들은 뒤돌아서는 순간 "형편이 안 돼서……."라고 말한다. 만 냥의 황금도 다투면 부족하지만, 서 푼의 황금이라도 사양하면 남는 법!

예전에는 기업 경영도 이익 창출에 그 목적을 두었다. 그러나 요즈음 기업경영에 있어 기업의 사회적 책임CSR ; Corporate Social Responsibility 또는 공유 가치 창출CSV ; Creating Shared Value 등을 두고 논란이 뜨겁다. 이른바 기업의 베풂이론에 대한 논쟁인 것이다.

케네디 미국 제35대 대통령의 말을 가정과 직장에 적용시켜 보는 것은 무리일까?

"아내가당신의 직장이 당신을 위해 무엇을 해 줄 것인가를 묻지 말고, 당신이 아내를직장을 위해 무엇을 할 수 있을까를 생각하라."
각자가 자기 역할과 책임을 다한다면, 가정과 직장의 화목과 행복이 저절로 찾아오지 않을까?

부모의 베풂 이론

우리는 자녀에게 무조건 애정만 베풀고 자식들 뜻대로 따라주는 부모를 본다. 자식들 뜻대로 따라주는 것이 부모의 도리라고 생각한다. 이런 부모는 자녀를 망친다. 애정만이 곧 교육은 아니기 때문이다.

자녀들은 또 부모들이 무조건 자기 뜻대로 따라주기를 바란다. 자식들은 그것을 당연시한다. 이런 자식은 세상을 알지 못한다. 세상은 자신만을 위해 있는 것이 아니기 때문이다.

부모와 자식 간의 관계, 그리고 좋은 부부 사이의 관계가 자녀의 내적 발달에 커다란 영향을 미친다는 사실을 알아야 한다.

정신분석의 세계적 권위자인 롤프 클뤼버 박사는, 자녀에 대한 부모의 역할에 대해, 부모는 자녀에게 애정과 한계할 수 없는 것를 동시에 베풀어야 한다고 말한다.

"부모가 자식에게 제공해야 할 두 가지 중요한 사항이 있습니다. 먼저, 부모는 아이의 욕구를 충족시켜 주어야 합니다. 그래야만 아이가 만족을 얻고 행복한 삶을 영위할 수 있기 때문입니다. 두 번째는 부모가 아이에게 안전한 한계선을 설정하는 것입니다. '이제 잘 시간이다.'라고 말하는 것 등이 그것입니다. 이때 아이들은 종종 '자기 싫어요. 좀 더 놀래요. TV를 좀 더 볼래요.'라고 말하는 경우도 있습니다. 하지만 한계를 지정해주는 것은 욕구를 충족시켜주는 것만큼이나 아이의 내적 성장을 위해 중요합니다.

다시 말하면 아이들은 한편으로는 욕구를 충족시켜주는 부모에 대한 애정을 체험해야 하고, 다른 한편으로는 자녀를 사랑하기 때문에 한계를 지정해 주는 부모에 대한 미움과 거부, 반항 등도 체험해야 합니다. 이 두 가지가 건강한 성장을 위한 중요한 전제조건들입니다. 한 손은 내어주고 한 손은 방어 또는 금지를 합니다. 주로 내어주는 쪽은 엄마가, 방어하는 쪽은 아빠가 담당하는데, 그보다는 두 사람 모두 두 가지 측면을 지니는 것이 바람직합니다." 『마음』, p.199

다시 생각해 보자. 아무리 베푸는 것에 철저한 부모라 하더라도 애정만 베푸는 것이 베풂의 모두가 아니다. 사회의 적응원리를 깨닫도록, 자기 능력의 한계도 인정하도록 깨달음을 주는 것도 베풀어야 할 대상인 것이다.

이미 핵가족화된 상황에서 인터넷과 핸드폰의 등장으로 지식 정보사회가 가속화되고, 세상을 온라인 on-line 으로 바꿔 놓으면서, 아이들은 마음을 터놓고 미래를 이야기하고 우정을 나눌 수 있는 친구를 찾아보기 어렵게 되었다. 입시전쟁에 내몰린 아이들에게 컴퓨터와 휴대폰이 아이의 친구가 되어버린 것이다. 가족은 해체되고 부부간에도 함께 식사하는 일이 점점 멀어지면서 일상이 파괴되고, 아이들과 다 함께 식사하면서 이야기할 필요를 팽개치고 있는 상황이 되었다. 그리하여 교육의 본질이 훼손

되고, 가족의 윤리와 사회의 윤리가 파괴되어 가고 있는 안타까운 현실이다.

이러한 상황에서 어떠한 지혜가 필요할까? 탈무드에서 유태인들의 교육의 비밀을 찾을 수 있다. '밥상머리 교육' 즉 식탁에서의 가정교육이다. 그들은 밥상 앞에서 예절을 배우고 가정교육을 행한다. 밥상은 자녀들이 부모님의 노고에 대하여 감사드리며, 부모는 아이들을 축복하는 교육의 장이 되는 것이다. 밥상머리에서 부모는 자녀에게 영적인 자양분을 공급해 준다. 그러나 생각해 보면 우리 조상들도 옛날부터 밥상머리 교육을 해왔고 그 밥상머리에서 살아가는 지혜와 철학을 터득해왔지 않은가? 다시 지혜를 배우자. 밥상머리 교육.

사과도 먼저 하라

드라마 〈파리의 연인〉중에 이런 대사가 나온다.

이것 보세요, 한기주 씨!
미안할 때는 미안하다고 하고요, 고마울 땐 고맙다고 하는 거예요.

그런 말 서툴다고 버티지 말고 고치세요.

자존심 세우면서 사과하는 방법은 없어요.

우리는 잘못을 인정하고 사과하면 아무 일 없이 지나갈 수 있는 일을 변명부터 늘어놔 사태를 악화시키는 경우가 많다.

솔직하게 과오를 먼저 인정하고 진심으로 사과하면 상대방은 존중받았다는 느낌을 받게 된다. 변명 대신 자기 잘못임을 인정하면 성실하고 믿을 만한 사람으로 느껴진다. 미안하다고 먼저 말하면 이전보다 더 좋은 관계로 발전한다.

먼저 사과하면 용서받을 수 있고 보복 가능성도 줄일 수 있다. 또한 먼저 사과를 하면 상대방 역시 자기 잘못을 인정하는 경우가 많다.

먼저 사과하면 누구보다도 자기 자신에게 이득이 된다. 상처를 받은 것보다 상처를 주는 것이 더 상처가 되는 경우가 많기 때문이다. 그렇지 아니한가?

사과라는 영어 단어 'apology'는 떨어지다는 의미를 지닌 'apo'와 말이라는 의미를 지닌 'logos'가 합쳐진 단어로 죄로부터 벗어날 수 있는 말이라는 의미를 갖고 있다. 사과를 통해 얻을 수 있는 가장 큰 이득은 그것을 통해 마음의 짐을 덜 수 있다는 것이다.

공자는 말한다.

과즉물탄개過卽勿憚改
과이불개過而不改
시위과의是謂過矣

인간은 잘못을 저지를 수밖에 없는 존재이기 때문에 허물 자체가 잘못이 아니라 허물인 줄 알면서도 고치지 않고 변명만 하는 것, 그것이 잘못이다

소인은 저지른 잘못에 대해 변명하기 바쁘지만 군자는 자신의 허물을 고쳐 두 번 다시 반복하지 않는다.

언젠가 아이를 크게 야단치고 난 다음, 너무 심한 말을 한 것 같아 아빠 마음이 너무 아팠다. 아빠가 미안하다고 먼저 사과했다. 아이는 이렇게 답했다.
"제가 잘못해서 그런 건데요, 아빠. 속상하게 해드려 죄송해요."

잘못을 저지르고도 미안하다고 사과하지 못하는 사람들에는 여러 부류가 있다. 자기 잘못을 깨닫지 못하는 사람, 교만하고 자기중심적인 사람, 자신감이 없고 열등감이 강한 사람, 무책임한 사람이 그것이다. 책임을 회피하기 위해 자신의 잘못을 정당화하기 때문이다.

실제로 많은 사람들은 잘못한 줄 알면서도 미안하다고 말하지 않는다. 사과를 하면 잃는 것이 더 많다고 생각하기 때문이다.
그러나 사과를 해서 잃는 것보다 사과하지 않아서 잃는 것이 훨씬 더 많다.

사과란 용서받고자 하는 것도, 이기려고 하는 것도 아니다. 그것이 옳은 일이기 때문에 하는 것이다. 사과를 모르는 사람은 남 탓하는 데 익숙해 있는 사람이기 쉽다.

사과에도 방법이 있다

사과해야 할 상황에서 우리는 난처해 하기도 당황해 하기도 한다. 어떻게 사과할까 고민하게 된다. 그 방법이 있다고 한다.

진짜 사과는 "미안해."라는 말만으로 이루어지지 않는다. 거짓 사과하거나 잘못 사과하여 망신 당한 사례를 수없이 보아왔다.

4가지 요건을 갖춘 사과가 효과적인 사과라고 생각한다.

첫째, 진짜 사과에는 접속사가 필요 없다. "미안해. 내가 늦어서."라고 말하면 될 것을 "미안해. 하지만 차가 막혀 어쩔 수 없었어." 하면 별 소용없다는 말이다. '하지만', '그런데' 같은 사족을 달면 변명으로 느껴지기 때문이다.

둘째, 사과에는 가정법이 필요 없다. "네가 기분 나빴다면 내가 미안해." 이러한 조건부 사과는 오해를 일으킨다.

셋째, 사과할 때는 상대방이 느끼는 감정에 대해 공감을 표현해야 한다. "아빠가 약속을 못 지켜 미안해." 대신 "아빠가 약속을 못 지켜 우리 아들딸에게 실망을 줘서 미안해."라고 사과하는 것이 좋다. 상대가 실망감을 느꼈을 때 그 감정에 대해 공감을 표현해 주는 것이 사과의 진정성을 느끼게 하는 것이다.

넷째, 시정의 의지를 밝힌다. "죄송합니다."로 끝나서는 곤란하다. "국에서 머리카락이 나와서 많이 놀라고 불쾌하셨죠? 죄송

합니다. 앞으로는 위생관리에 만전을 기해 이 같은 일이 없도록 하겠습니다."

노래하는 우리들, 오준원

제4장 행동Doing에 묻다 | 283

에필로그

"세상은 우리의 생각과 말과 행동 속에 존재한다. 그 어떤 곳에 따로 있지 아니하다The world is in our mind, speech and behavior, not anywhere else."라고 말하고 싶습니다. 생각과 말과 행동은 우리의 생활이요 삶이지요. 따라서 심오한 철학과 이론으로서가 아니라 실천 철학과 생활이론으로 쉽고 편하게 우리의 삶을 얘기하고 싶었습니다.

인생Life = TSD 즉 (생각·말·행동) 이라는 인생공식에서 생각과 말과 행동의 방정식을 끌어내어 풀어 보았습니다.

생각Thinging = P²C철학 Philosophical , 긍정 Positive, 창의 Creative

말Speaking = MTH겸손 Modesty, 감사 Thanks, 희망 Hope

행동Doing = SNG정성 Sincerity, 지금 Now, 베풂 Give

제가 미국 유학중일 때 어느 골퍼가, 골프에 있어서는 3C가 중요하다고 말했습니다. 3C란 자신감Confidence, 집중력Concentration, 자기 통제력Control을 말합니다. 자신감을 갖고, 정신을 집중해서 쳐야 샷의 실수가 적으며, 평정심을 잃지 않도록 마인드 컨트롤을 잘해야 무너지지 않는다는 것이지요. 스포츠에서뿐만 아니라, 삶에 있어서도 그 3C가 매우 중요하다는 것을 깨달았습니다.

자신의 인생철학과 생활철학에 기초한 소명의식을 가지고 자신감 있게 살아야 하며, 어떤 일을 함에 있어 열정을 바쳐 정성을 다해 몰입하는 것이 중요합니다. 기쁨과 슬픔, 노여움과 즐거움, 사랑과 미움, 욕망과 좌절 등에 쉽게 일희일비하지 않고, 절제력을 갖고 마음을 컨트롤할 수 있어야 합니다.

지혜는 일을 결행하는 힘이 되며, 의심은 일을 방해하는 장애가 된다고 『사기』는 말합니다.

이 책은 생각에너지를 먹고 그 에너지가 나의 삶을 가치 있고 훌륭하게 만들었으면 하는 의도를 갖고 쓴 것입니다. 삶에 에너지를 얻었기를 바랍니다. 삶도 가치를 창조하는 것이어야 하지 않겠어요?

나에게 주어진 소명의식으로 자긍심을 갖고 훌륭하게 살고, 내 인생에 열정을 바쳐 값지게 살며, 절제 있게 살아야겠다는 힘과 에너지를 얻었기를!
가슴에 와 닿는 구절이나 중요한 부분에 밑줄 그어 읽은 것들로 가득 찼기를!

퇴계 이황 선생이 성학 10도를 그려 성인의 도를 배웠듯이,
한나라 최원이 자신의 좌우명으로 인생을 거듭났듯이,
우리 선조들이 생활철학의 교재인『명심보감』으로 인생 수양을 쌓았듯이,

이 책을 읽은 독자들도 자신의 삶에 대한 생각과 말과 행동의 방정식을 쓰고, 존재의 원리, 성공의 원리, 희망의 원리, 베풂의 원리, 생존의 원리를 통해 삶의 지혜와 삶에 대한 용기를 얻었기를!

부모와 자식 간, 직장 상사와 직원 간, 학생들과 선생님 간, 그리고 친구들과의 대화에서, 인간관계의 갈등이나 고민을 얘기하고 해결하는 지혜의 샘으로서 의미 있는 스토리텔링의 유용한 자료로써 활용되기를!

이 책에서 인용한 70여 명의 작가와 작품, 30여 개 시와 명언·명구들에서 얻은 지혜가 빛나, '지혜롭게', '훌륭하게' 살게 되기를!

참고문헌

- 감정과 이성, 리처드 래저러스, 문예출판사 2013.
- 『갈매기의 꿈』, 리처드 바크, 범우사, 1996.
- 고전강독1-소크라테스와 플라톤에게 최고의 인생을 묻다, 공병호, 해냄출판사, 2012.
- 공공감사제도론, 윤영일, 한사랑, 2013.
- 관자
- 구약성서 잠언
- 〈그냥 바로 시작하라〉, 강윤선.
- 그리스도교 참회의 기도문, 식사후 기도문.
- 근사록, 주자
- 끌리는 사람은 1%가 다르다. 이민규, 더난출판.
- 내영혼의 비타민, 나카타니 아키히로, 소담출판사, 1999.
- 너만의 명작을 그려라, 마이클 린버그, 한언, 2002.
- 논어
- 〈논형(論衡)〉, 왕충(王充)
- 『닥터 노먼 베쑨』, 실천문학사, 1991.
- 〈대화편〉 중 『크리톤(Kriton)』, 플라톤
- 『데미안』, 헤르만 헷세
- 드라마 〈파리의 연인〉
- 매혹된 혼, 로맹 롤랑.
- 『맹자』
- 멈추면 비로소 보이는 것들, 혜민, 샘파커스.
- 명상-나에게 이르는 길, 샐리 캠튼, 한문화, 2012.
- 〈명심보감〉 성심편 (省心篇)
- 무심의 마음으로 살아라, 김정하, 21세기 북스, 2014.
- 〈문학의 숲을 거닐다〉, 장영희 (주)샘터사, 2009.
- 뮤지컬 〈지킬 앤 하이드〉
- 〈법구경〉 (쌍서품), 〈법구경〉(도장품)
- 〈법구경〉 (품노품)
- 사기
- 〈생각의 탄생〉, 루트번스타인
- 성경 에페소서
- 〈성학 10도(聖學十圖)〉, 퇴계 이황
- 『소크라테스의 변론』, 플라톤
- 송명신언행록(宋名臣言行錄)
- 〈시크릿 Secret〉, 론다 번(Rhonda Byrne),. 살림출판사, 2008.
- 시크릿 하우스, 데이비드 보더니스, 생각의 나무, 2006
- 안씨가훈, 안지추.
- 〈어린 왕자〉, 생텍쥐페리
- 〈용서에 관한 짧은 필름〉, 앤디 앤드루스
- 운명을 바꾸는 법, 정공법사 (요범사훈 강설). 불광출판사, 2010.
- 유배지에서 보낸편지, 정약용, 박석무 편역, 창비, 2007.
- 이야기한국사, 청아출판사,이현희,1994
- 〈자라지 않는 아이〉, 펄 벅.
- 〈자저실기(自著實紀)〉, 심노숭
- 『장자』, 오강남 풀이, 현암사, 2005.
- 〈정글북〉, 러디야드 키플링
- 〈제갈량집〉
- 조선왕조실록(세종실록)
- 〈주홍글씨(The Scarlet Letter)〉, 나타니엘 호돈.
- 중국 3천년의 인간력, 모리야 히로시,

도서출판 청년정신, 2004.
○ 〈카라마조프의 형제들〉, 도스토예프스키
○ 콘트래리언, 이신영. 진성북스, 2014.
○ 향기있는 곳에 꽃이 있다. 벽담 학명.
도서출판 감로, 2012
○ 〈행복은 전염된다: Connected〉, 제임스 파울러 & 니콜라스 크리스타키스. 김영사. 2010.
○ 3차원(3D)창의력 개발법. 이광형.

○ 마틴 루터 킹
○ 벤자민 프랭클린
○ 어니스트 헤밍웨이
○ 오스카 헴머스타인
○ 윌리엄 헤즐릿
○ 이정우(군승법사)
○ 찰스 스윈돌
○ 최원
○ 케네디
○ 토마스 카알라일
○ 프란시스 베이컨

인용된 시
○ You Raise Me Up(날 세우시네)
○ 괴테. 〈경고〉
○ 김수영. 달나라의 장난
○ 김춘수. 꽃
○ 戴益(대익). 探春(봄을 찾아서)
○ 류시화. 〈나무의 시〉
○ 사무엘 울만. 〈청춘〉
○ 수팅. 〈이 또한 모든 것입니다〉
○ 신흠. 한시
○ 안도현. 너에게 묻는다.
○ 에머슨. 〈무엇이 성공인가〉
○ 이은상. 애국시
○ 정현종. 〈모든 순간이 꽃봉오리인 것을〉
○ 천상병. 〈귀천〉
○ 춘향전. 한시
○ 현제명. 〈희망의 나라로〉

신문자료
○ (2005. 6. 10. 매일경제)
○ (2009. 7. 13. 중앙일보)
○ (2009. 9. 8. 문화일보)
○ (2010. 2. 10. 문화일보)
○ (2010. 9. 1. 조선일보, 인터넷)
○ (2011. 1. 13. 동아일보)
○ (2011. 10. 15. 동아일보)
○ (2011. 11. 12. 조선일보)
○ (2013. 7. 16. 헤럴드경제)
○ (2014. 12. 9. 헤럴드경제)
○ (2014. 4. 3. 동아일보)
○ (2015. 2. 28. 조선일보)
○ (2015. 2. 6. 헤럴드경제)

인용된 명언 · 명구
○ 공자
○ 노먼 빈센트 필
○ 달라이 라마

출간후기

'2015 세종도서 교양부문'에 선정되어
국가공인 우수도서로
인정받았습니다!

권선복
도서출판 행복에너지 대표이사
대통령직속 지역발전위원회
문화복지 전문위원

세상은 우리가 생각하는 것만큼 만만하지 않습니다. 철없는 학창 시절, 성인이 되어 사회에 나가면 그저 좋을 것처럼 여기지만 막상 현실의 벽은 높고 버겁기만 합니다. 생계를 위해, 꿈을 위해, 사랑하는 가족을 위해 온몸을 던져 가며 세상의 거친 파도 속으로 걸어 들어가야만 하는 이 현실. 늘 쉽게 행복에 대해 말하지만 과연 진정으로 행복한 삶은 언제 우리에게 다가올까요? 어쩌면 행복이란 복잡하기만 한, 영영 풀 수 없는 난제는 아닐까요?

책 『생각과 말과 행동의 방정식』은 행복으로 가는 길, 참된 이 정표가 될 만한 깨우침을 가득 담은 책입니다. 수학을 못하는 사람에게는 이름만 들어도 찌푸려지는 '방정식'을 인생에 대비하여 알기 쉽게 삶의 지혜를 전하고 있습니다. 저자의 따뜻한 마음이 곳곳에 스며든 에세이 형식의 단문들은 독자의 마음에 바로 와 닿는 온기와 감동을 한꺼번에 담아내었습니다. 또한 문화체육관광부 산하 출판문화산업진흥원에 주관하는 '2015 세종도서 교양부문'에 선정되어 우수도서임을 공식적으로 인정받았습니다.

어쩌면 이 냉랭한 현실 속에서 하루하루 버겁게 살아가는 이들에게는 거창한 성찰보다는 순간의 따뜻한 위로와 격려가 필요할 것입니다. 이 책의 모든 독자분들의 삶에 작은 등대이자 난로가 되어 주길 바라오며 늘 행복과 긍정의 에너지가 팡팡팡 샘솟으시길 기원드립니다.

소리(전 8권)

정상래 지음 | 각 권 13,500원

쏟아져 나오는 책은 많지만 읽을거리가 없다고 탄식하는 독자들이 많다. 그렇다면 근대 한국사에 담긴 우리 한(恨)의 정서에 관심이 있다면, 대하소설의 참맛에 대해 잘 알고 있다면, 정말 제대로 된 작품을 읽어볼 요량이라면 이 소설은 독자를 위한 더 할 나위 없는 선물이자 생을 관통할 화두가 되어 줄 것이다.

조영탁의 행복한 경영이야기 세트(전 10권)

조영탁 지음 | 각 권 15,000원

행복한 성공을 위한 7가지 가치, 그 모든 이야기를 담은 『조영탁의 행복한 경영이야기』 전집은 자신은 물론 타인의 삶까지 행복으로 이끄는 '행복 CEO'가 되는 길을 제시한다. 다양한 분야에서 칭송을 받아온 인물들의 저서에서 핵심 구절만을 선별하여 담았다. 저자는 이를 '촌철활인寸鐵活人(한 치의 혀로 사람을 살린다)'으로 재해석하여 현대인이 지향해야 할 삶의 태도와 마음에 꼭 새겨야 할 가치를 제시한다.

통하는 말 통하는 글

김철휘 지음 | 값 15,000원

『통하는 말 통하는 글』은 '현직 연설비서관'의 풍부한 현장 경험과 연구를 통해 '말과 글'의 개념과 올바른 사용법 그리고 연설과 인터뷰의 기법까지 '공(식)적인 소통'을 위한 수준 높은 노하우를 담아낸 책이다. 누구나 교육과 훈련을 통해 충분히 우리 사회에서 인정받을 만한 말하기, 글쓰기 수준을 갖출 수 있음을 설득력 있게 전하고 있다.

위대한 경쟁

정태영 지음 | 값 15,000원

『위대한 경쟁』은 치열한 업무 현장에서 체득한 실용적 노하우들로 가득하다. 여타 자기계발서와는 달리 경쟁 상황에서 승리할 수 있는 역량과 스킬에 초점을 맞추며 경쟁자보다 비교우위의 위치에 우뚝 설 수 있는 방법을 명쾌하게 제시하고 있다. 이 위대한 경쟁에 뛰어들어 행복을 성취하는 첫걸음을 내딛어보자.

함께 보면 좋은 책들

가짜부모 진짜부모
옥복녀 지음 | 값 15,000원

아이가 행복하려면 우선 부모가 먼저 행복해져야 한다는, 너무나 간단하지만 흔히들 잊고 있는 전제를 다시금 일깨워준다. 경쟁 사회에서 살아남아 성공한 아이로 키워내기 위해 아이들의 행복과 자신의 행복은 뒷전이 되어버린 가짜 부모들에게, 행복한 아이가 훌륭한 아이가 된다는 메시지를 전하고 있다. 현재 초등학교 교사이자 부모교육, 교사교육 전문가인 저자의 다양한 경험과 깊은 연구가 곳곳에서 빛을 발한다.

아빠와 딸
정광섭 지음 | 값 15,000원

사랑의 부재가 당연시되는 시대. 각종 불화와 광기가 맞닥뜨려 이 시대엔 아픔도 그 절망의 목소리를 내지 못한다. 저자는 자신의 실화를 담담히 이야기하며 이 불변하는 시대를 극복하고자 그 대안으로서 아버지의 사랑, 즉 사랑의 이름으로 가장 존귀한 부모의 사랑을 내놓은 것이다.

사랑은 왜 낮은 곳에 있는가
이우근 지음 | 값 15,000원

책 『사랑은 왜 낮은 곳에 있는가』는 근래 대한민국의 부끄러운 현실을 엄정히 그려내면서도 미래에 대한 기대와 희망을 놓지 말아야 한다는 격려를 한꺼번에 담아낸 칼럼집이다. 우리 사회가 안고 있는 난제들을 어떠한 방식으로 풀어내야 하는가에 대해 때로는 차분하게, 때로는 속이 시원하게 전하고 있다.

문화예술 리더를 꿈꿔라
이인권 지음 | 값 15,000원

『문화예술 리더를 꿈꿔라』는 폭넓은 경험과 이론을 연마하여 글로벌 경쟁마인드를 체득한 이인권 한국소리문화의전당 대표의 '문화예술 경영서'이다. 공공 문화예술기관의 단일 최장 경영자로 대한민국 최초 공식기록을 인증받기도 한 저자의 모든 노하우가 담긴 만큼 이 책은 알찬 정보와 혜안으로 가득하다.

두 다리는 두 명의 의사다

배근아 · 신광철 지음 | 값 15,000원

『두 다리는 두 명의 의사다』는 신체의 건강을 인문학과 자기계발의 관점에서 바라본 독특한 건강관리서이다. 100세 시대, '다리 건강'이 사람들의 장수長壽를 어떻게 책임지는지 살펴본다. "신체는 통섭의 산물이다."라는 전제하에 다리 건강의 유지, 그 중요성과 방안을 함께 제시한다.

아파트, 아는 만큼 내 집 된다

최성규 지음 | 값 15,000원

현직 공인중개사 사무소 대표가 현장을 밤낮 없이 뛰며 얻은 아파트 분양 노하우와 부동산 이야기! 이 책은 실물시장에서 이루어지는 현상을 있는 그대로 파악 · 분석하고 시장중심적인 관점에서 풀어낸 아파트 분양과 부동산 정보를 에세이 형식으로 쉽고 재미있게 독자에게 전달하다.

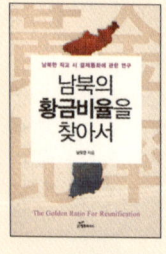

남북의 황금비율을 찾아서

남오연 지음 | 값 16,000원

"통일 이전과 이후, 우리는 무엇을 어떻게 준비하고 있는가!" 『남북의 황금비율을 찾아서』는 한반도 내에서만이라도 북한 화폐가 명목지폐에서 벗어나 실물화폐의 역할을 할 수 있는 시스템을 고민하고, 이로써 통화의 부가가치, 즉 남북의 내 새로운 일자리 창출과 실질적 경제통합의 물꼬를 틀 수 있는 방안을 제시하고 있다.

대한민국 비정상의 정상화

권기헌 지음 | 값 15,000원

『대한민국 비정상의 정상화』는 우리나라 국가혁신의 문제점과 미래의 방향을 제시한 하나의 기념비적인 작품이다. '비정상의 정상화'에 관한 철학, 이론, 실천과제를 국가와 정부의 역할을 중심으로 명쾌하게 제시하고 있다. 국가혁신의 근본적인 문제 해결에 접근하지 못하는 현실에서, 시대의 변화에 따른 혁신의 비전을 수립하는 데 중요한 지침서가 되어 줄 것이다.

함께 보면 좋은 책들

돌섬

정상래 지음 | 값 15,000원

이 책은 "우리는 왜 일본을 싫어하는가? 한국인은 왜 반일감정을 버리지 않고 살아가고 있는가?"라는 질문을 화두로, 한일 양국의 학자들의 다양한 소재를 대상으로 난상토론을 벌이는 과정을 생생하게 담아내고 있다. 임나일본부설, 식민사관, 독도와 위안부까지 한반도 역사에 씻을 수 없는 아픔을 안긴 이야기와 그 진실을 하나씩 풀어나간다.

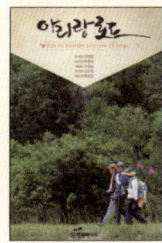

아리랑 로드

이재열 외 4인 | 값 15,000원

책 『아리랑 로드』는 현대를 살아가는 우리에게 매우 중요한 의미로 다가온다. 마치 한 장의 사진을 보는 것처럼 과거로 돌아가 그 시대를 생생하게 살펴보는 타임머신의 역할을 하고 있기 때문이다. 천년의 소리인 정선아리랑이 흘러간 길을 다시 한 번 돌아볼 수 있다는 점에서 크나큰 가치를 지니고 있다.

새벽을 여는 남자

글 오풍연 · 사진 배재성 | 값 15,000원

책 『새벽을 여는 남자』는 '바보'가 되는 것을 곧 인생의 목표로 바라보는 신문기자의 8번째 에세이집이다. 이 책은 독자들이 삶을 살아가며 난관에 맞닥뜨렸을 때마다 펼쳐 보고 미래의 올바른 방향을 가늠해볼 수 있게 하는 인생의 길잡이 역할을 해줄 것이다.

새로운 경세학을 말하다

황선범 지음 | 값 15,000원

『새로운 경세학을 말하다』는 생명에 기초한 새로운 패러다임으로 불경, 성경, 사서삼경 등과 같이 세상을 살아가는 가치관을 천성과 지성의 이치로 설명하였다. 혼돈과 무질서가 득세하는 세상에서 평화와 행복을 꿈꾸는 이들에게 저자가 세상을 향해 던진 일침은 시사하는 바가 크다.

Happy Energy books

좋은 원고나 출판 기획이 있으신 분은 언제든지 행복에너지의 문을 두드려 주시기 바랍니다.
ksbdata@hanmail.net   www.happybook.or.kr   단체구입문의 ☎ 010-8287-6277

도서출판 행복에너지

하루 5분 나를 바꾸는 긍정훈련
행복에너지

**'긍정훈련' 당신의 삶을 행복으로 인도할
최고의, 최후의 '멘토'**

'행복에너지 권선복 대표이사'가 전하는
행복과 긍정의 에너지, 그 삶의 이야기!

권선복

도서출판 행복에너지 대표
영상고등학교 운영위원장
대통령직속 지역발전위원회
문화복지 전문위원
새마을문고 서울시 강서구 회장
전) 강서구의회(도시건설위원장)
아주대학교 공공정책대학원 졸업
충남 논산 출생

국민 한 사람, 한 사람이 모여 큰 뜻을 이루고 그 뜻에 걸맞은 지혜로운 대한민국이 되기 위한 긍정의 위력을 이 책에서 보았습니다. 이 책의 출간이 부디 사회 곳곳 '긍정하는 사람들'을 이끌고 나아가 국민 전체의 앞날에 길잡이가 되어주길 기원합니다.

　　　　　　** **이원종** 대통령직속 지역발전위원회 위원장

'하루 5분 나를 바꾸는 긍정훈련'이라는 부제에서 알 수 있듯 이 책은 귀감이 되는 사례를 전파하여 개인에게만 머무르지 않는, 사회 전체의 시각에 입각한 '새로운 생활에의 초대'입니다. 독자 여러분께서는 긍정으로 무장되어 가는 자신을 발견할 수 있을 것입니다.

　　　　　　** **최 광** 국민연금공단 이사장

권선복 지음 | 15,000원

**"좋은 책을
만들어드립니다"**

저자의 의도 최대한 반영!
전문 인력의 축적된 노하우를 통한 제작!
다양한 마케팅 및 광고 지원!

최초 기획부터 출간에 이르기까지, 보도 자료 배포부터 판매 유통까지! 확실히 책임져 드리고 있습니다. 좋은 원고나 기획이 있으신 분, 블로그나 카페에 좋은 글이 있는 분들은 언제든지 도서출판 행복에너지의 문을 두드려 주십시오! 좋은 책을 만들어 드리겠습니다.

| 출간도서종류 |
시·수필·소설·자기계발·일반실용
인문교양서·평전·칼럼·여행기·
회고록·교본

도서출판 행복에너지
www.happybook.or.kr
☎ 010-8287-6277
e-mail. ksbdata@daum.net